일러두기

Play 스토어에서 QR Droid Private을 설치하신 후 위의 QR코드를 스캔해 보세요. 글샘교육의 다양한 무료컨텐츠를 만나보실 수 있습니다.

양질의 토양위에 뿌리와 줄기와 꽃, 잎, 열매로 구성된 한그루의 튼실한 나무처럼 한자공부의 밑거름이 되어 줄 알차고 튼튼한 구성을 알아봅시다.

이야기로 배우는 한자

'은혜 갚은 호랑이', '인종의 효성' 이야기를 읽어가면서 생각을 키우고 한자를 자연스럽게 익힐 수 있도록 하였습니다.

새로 배우는 한자와 이미 배운 한자

- 소단원에서 배우게 되는 새로운 한자와 음훈을 한 눈에 볼 수 있습니다.
- 이미 배운 한자는 앞 단계에서 배운 한자와 음훈을 수록하였습니다.

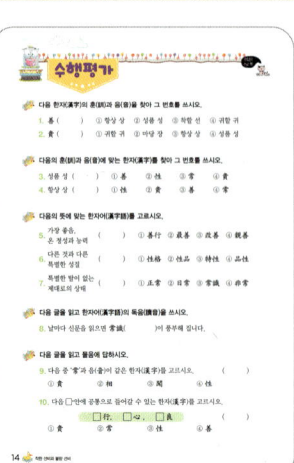 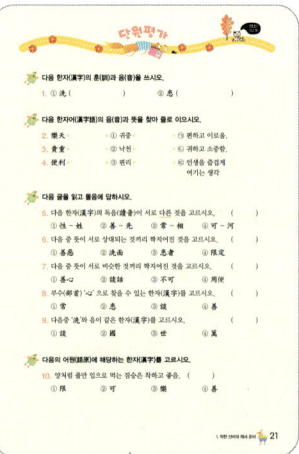

수행평가

각 소단위 학습을 마친 후 문제를 풀어 봄으로써 학습의 성취도를 알 수 있도록 하였습니다.

단원평가

단원 학습을 마친 후 다양한 문제 풀이를 해 봄으로써 배운 내용들을 꼼꼼히 정리하고 이해를 다질 수 있게 하였습니다.

생각 키우기

어휘의 신장과 사고력을 높이기 위하여 놀이마당에서는 여러 형태의 놀이를 제시하고 만화로 엮은 사자성어로 재미있게 읽을거리를 마련하였습니다.

① 한자 기본 익히기
한자 공부의 기본인 훈음, 부수, 총획수 이외에도 중국에서 사용하는 간체자와 발음(병음)을 표기하여 좀 더 깊이 있고 다양한 지식 습득이 가능하게 하였습니다.

② 한자 삽화
삽화를 보며 한자의 원리를 생각할 수 있게 하였습니다.

③ 한자 용례
초등학교 교과서에서 가장 많이 활용 하는 단어를 중심으로 용례를 제시하여 한자의 의미를 더 친숙하게 기억하고 독서논술에 활용할 수 있도록 하였습니다.

④ 한자 어원
한자가 만들어지게 된 과정을 설명하고 그림으로 보여줌으로서 한자에 대해 쉽게 이해하고 기초 지식을 튼튼히 할 수 있도록 하였습니다.

⑤ 활용 문장
한자의 활용을 통해 한자의 다양한 쓰임과 한자어의 의미를 자연스럽게 익혀 독서논술에 활용할 수 있도록 하였습니다.

⑥ 한자 쓰기
새로 배운 한자를 필순에 따라 쓸 수 있도록 하였습니다.

본 교재는 어린이들이 좋아하는 옛날이야기 중에서 孝(효)와 禮(예)와 관련된 것을 초등학교 교육용 한자를 바탕으로 재구성하였다. 이는 한자 공부에 대한 학습 흥미를 가지고 접근하도록 하는 한편, 이야기에 나오는 한자·한자어·한자 어구를 익혀, 일상 언어생활을 풍부하게 하며 더 나아가서 자신의 의견이나 생각을 논리적으로 표현할 수 있는 논술력의 바탕을 기르고자 함에 있다. 또한 이야기를 통하여 인성 교육의 바탕이 되는 孝(효)와 禮(예)의 근본정신을 가르치고자 한다.

1) 孝(효)와 禮(예)와 관련된 옛날이야기를 읽기와 동영상을 통하여 한자에 흥미를 갖도록 한다.
2) 이야기와 관련된 한자 및 한자어의 음과 훈을 바르게 읽고 쓸 수 있다.
3) 한자어의 뜻을 알고 사용 용례의 공부를 통하여 풍부한 어휘력과 문장력을 기른다.
4) 간단한 간체자 및 한자의 중국어 발음을 통하여 세계화 시대의 다양한 학습 경험을 접한다.
5) 수행평가 및 단원 평가를 해결하는 과정에서 자기 주도적 학습력을 기른다.
6) 만화 사자성어를 통하여 한자 어구에 대한 간결명료한 표현 방법을 배우고 활용할 수 있다.
7) 재미있고 다양한 한자 게임을 통하여 배운 한자를 심화 학습한다.

	1 단계	2 단계	3 단계	4 단계	5 단계	6 단계
내 용	• 재구성된 옛날이야기에 나오는 한자의 뜻을 이해하고, 한자 공부에 대한 학습에 흥미를 갖도록 한다. • 단원별 이야기에 나오는 한자의 음과 훈을 알고 필순에 맞게 쓰도록 한다. • 한자어의 뜻을 바르게 이해하고 활용 사례를 익힌다. • 한자의 간체자를 써 보고 중국어로 발음하여 본다. • 단원별 이야기를 읽고 나의 생활 경험에 비추어 반성하여 본다.					
주안점	• 이야기 관련 한자어 및 한자를 배우고 바르게 사용하기 • 이야기와 관련하여 느낀 점을 친구들과 말하여 보고 나의 생활 반성하기					
	음과 훈 읽기	음과 훈을 읽고 필순에 맞게 따라 쓰기		음과 훈을 읽고 필순에 맞게 외워 쓰기		한자로 문장 만들기

	1 단계	2 단계	3 단계		4 단계		5 단계		6 단계	
시간수	30	30	3-1	15	4-1	15	5-1	15	6-1	**15**
			3-2	15	4-2	15	5-2	15	6-2	**15**
새로 배운 한자수	60	60	3-1	60	4-1	60	5-1	60	6-1	**60**
			3-2	60	4-2	60	5-2	60	6-2	**60**
새로 배운 한자누계	60	120	240		360		480		**600**	

6단계 1

QR 코드를 찍어서 신나는 한자 노래를 만나보아요

1 傳 전할 전	2 說 말씀 설, 달랠 세	3 樹 나무 수	4 的 과녁 적	5 勇 날랠 용
6 成 이룰 성	7 功 공 공	8 作 지을 작	9 戰 싸울 전	10 軍 군사 군
11 對 대답할 대	12 敵 원수 적	13 雲 구름 운	14 密 빽빽할 밀	15 認 인정할 인
16 定 정할 정	17 應 응할 응	18 是 바를 시	19 近 가까울 근	20 至 이를 지
21 聲 소리 성	22 罪 허물 죄	23 以 써 이	24 爭 다툴 쟁	25 鮮 고울 선
26 綠 푸를 록(녹)	27 確 굳을, 확실할 (확)	28 律 법 률(율)	29 偉 훌륭할 위	30 致 이를 치

31 節 마디 절	32 部 떼 부	33 兵 군사 병	34 輕 가벼울 경	35 擧 들 거
36 豊 풍년 풍	37 宗 마루 종	38 君 임금 군	39 實 열매 실	40 聖 성인 성
41 開 열 개	42 放 놓을 방	43 訪 찾을 방	44 參 참여할 참, 석 삼	45 空 빌 공
46 想 생각할 상	47 責 꾸짖을 책	48 油 기름 유	49 香 향기 향	50 勤 부지런할 근
51 城 성 성	52 式 법 식	53 遠 멀 원	54 防 막을 방	55 電 전기 전
56 變 변할 변	57 宅 집 택	58 貨 화폐 화	59 典 법 전	60 詩 시 시

 초등한자

6단계 2

QR 코드를 찍어서 신나는 한자 노래를 만나보아요

1 仁	2 個	3 利	4 則	5 念
어질 인	낱 개	이로울 리(이)	법칙 칙	생각할 념(염)
6 願	7 政	8 治	9 勢	10 神
원할 원	정사 정	다스릴 치	권세 세	귀신 신
11 授	12 受	13 決	14 吉	15 凶
줄 수	받을 수	결단할 결	길할 길	흉할 흉
16 思	17 圖	18 請	19 充	20 救
생각할 사	그림 도	청할 청	가득할 충	구원할 구
21 逆	22 單	23 獨	24 俗	25 備
거스를 역	홑 단	홀로 독	풍속 속	갖출 비
26 復	27 陰	28 約	29 歲	30 命
회복할 복, 다시 부	그늘 음	맺을 약	해 세	목숨 명

31 武 호반 무	32 橋 다리 교	33 精 찧을 정	34 進 나아갈 진	35 修 닦을 수
36 廣 넓을 광	37 歷 지낼 력(역)	38 記 기록할 기	39 英 꽃부리 영	40 雄 수컷 웅
41 價 값 가	42 種 씨 종	43 漢 한나라 한	44 始 비로소 시	45 集 모을 집
46 群 고을 군	47 法 법 법	48 新 새로울 신	49 暖 따뜻할 난	50 流 흐를 류(유)
51 會 모일 회	52 各 각각 각	53 增 더할 증	54 減 덜 감	55 稅 세금 세
56 着 붙을 착	57 列 벌일 렬(열)	58 亡 망할 망	59 引 끌 인	60 送 보낼 송

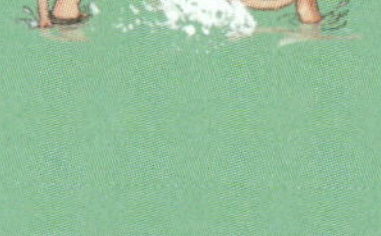

6-1 단계

은혜 갚은 호랑이

1. 아기와 새끼 호랑이의 탄생 — 10
2. 호랑이의 출현 — 24
3. 사죄하는 호랑이 — 38

호랑이와 두운대사

1. 두운대사를 따르는 호랑이 — 52
2. 소녀를 구한 호랑이 — 66

- 214字 부수(部首) 일람표 — 149
- 수행평가 및 단원평가 정답 — 152
- 한자색인목록 — 154
- 사자성어, 반의어, 동의어, 동음이의어 — 156
- 판별지 — 158

1 아기와 새끼 호랑이의 탄생

QR을 찍으면 구연동화로 재생 됩니다.

- 전설, 성공 등의 한자어 및 이야기 관련 한자를 공부해 봅시다.
- 마을에 도적들이 쳐들어 온 까닭을 말해 봅시다.

우리의 **古傳**(고전)을 보면 호랑이와 관련한 **說話**(설화)가 많습니다.

고전 : 예로부터 전해 내려옴   설화 : 전해오는 옛 이야기

옛날 어느 마을에 건강한 사내 아기가 태어났는데 같은 시각, 깊은 산 속에서도 새끼 호랑이 한 마리가 태어났습니다. 마을에는 지난 해에 이어 올해도 흉년이 들어 집집마다 하루하루 살기가 어려웠습니다. 사람들은 **果樹**(과수) 열매

과수 : 과실이 열리는 나무

나 산에서 캔 나무 뿌리를 먹고 근근이 살아갔습니다. 사람들이나 호랑이나 배고프기는 마찬가지였습니다.

어느 날 아기의 아버지는 배가 고파 우는 아들을 위하여 작은 들짐승이라도 잡을 **目的**(목적)으로 사냥을 나섰습니다. 그

목적 : 이루려고 하는 것

런데 마침 배고픈 새끼 호랑이를 위하여 먹잇감을 찾아 헤매던 아비 호랑이를 만났습니다. 아기의 아버지

는 그만 호랑이에게 잡혀 먹히고 말았습니다.

마을 사람들은 **勇氣**(용기)있는 청년들을 모아 산으로 들어가 호랑이의 거
용기 : 씩씩하고 굳센 기운

처를 찾아내었습니다. 마을 청년들은 아기의 아버지를 죽인 호랑이를 잡아 원수

를 갚는데 **成功**(성공)하였습니다.
성공 : 목적하던 것을 이루는 것

다음 해 봄이 되자 마을에 도적들이 쳐들어와 식량과 재물을 약탈하는 끔찍한

일이 벌어졌습니다. 도적들은 이에 그치지 않고 마을 사람들을 납치해 이웃 나

라에 노비로 팔기도 하였습니다. 나라에서는 도적들을 물리치려고 세밀한
군사 : '군인'의 옛말

作戰(작전)을 세우고 **軍士**(군사)들을 동원하여 물리치려고 노력하였습니
작전 : 일정 기간에 집중적으로 벌이는 군사적 행동

다. 그러나 도적떼를 **對敵**(대적)하기엔 역부족이었습니다.
대적 : 적과 마주 대함

 **전할 전**
亻(人)부 11획 (총13획)
传　　中 chuán, zhuàn

亻→亻→亻→傳
囤→甶→專

사람(亻)들은 오로지(專) 자기 뜻을 전하려고 하니 '전할 전'
+ 亻= 人(사람 인), 專(오로지 전, 마음대로 할 전)

- **傳**來(전래) : 전해져 내려옴. (來:올 래)
  - 내 동생은 매일 **傳**來(전래) 동화를 읽습니다.

- 古**傳**(고전) : 예로부터 전해 내려옴. (古:옛 고)
  - 학교 공부 외에도 古**傳**(고전)을 많이 읽는 것이 좋습니다.

 **말씀 설, 달랠 세**
言부 7획 (총14획)
说　　中 shuō, shuì

言→言→言→說
兌→兌→兌

말(言)을 바꾸어(兌)가며 달래고 설명하면 기쁘니 '말씀 설', '달랠 세'
+ 言(말씀 언), 兌(바꿀 태)

- **說**明(설명) : 남이 잘 이해할 수 있도록 말하는 것. (明:밝을 명)
  - 선생님의 **說**明(설명)을 들으니 확실히 이해가 되었습니다.

- **說**話(설화) : 전해오는 옛 이야기. (話:말씀 화)
  - 할머니께서 들려주시는 **說**話(설화)는 아주 재미있습니다.

傳傳傳傳傳傳傳傳傳傳傳	說說說說說說說說說說說
傳　傳	說　說
전할 전　전할 전	말씀 설　말씀 설

 은혜 갚은 호랑이

1. 아기와 새끼 호랑이의 탄생

나무 수

木부 12획 (총16획)

树 ⊕ shù

나무(木)를 악기 세우듯(豆) 세워 법도(寸)에 맞게 심으니 '나무 수', '세울 수'
+ 木(나무 목), 豆(악기 세울 주), 寸(마디 촌, 법도 촌)

- 樹木(수목) : 살아있는 나무. (木:나무 목)
  - 산림욕장에는 잘 자란 樹木(수목)들이 많이 있습니다.
- 果樹園(과수원) : 과일나무를 재배하는 농원. (果:열매 과, 園:동산 원)
  - 果樹園(과수원)에 사과꽃이 활짝 피었습니다.

과녁 적

白부 3획 (총8획)

的 ⊕ de, dí

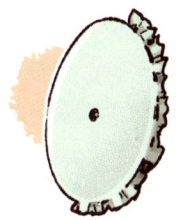

하얗게(白) 싼(勹) 판에 점(丶)을 찍어 맞추는 것이니 '과녁 적'
+ 白(흰 백, 밝을 백, 깨끗할 백, 말할 백), 勹(쌀 포)

- 目的地(목적지) : 목적으로 삼은 곳. (目:볼 목, 눈 목, 地:땅 지)
  - 다섯 시간이나 걸어서 目的地(목적지)에 도달하였습니다.
- 的中(적중) : 목표에 정확히 들어맞음. (中:가운데 중)
  - 우리나라 선수가 쏜 화살이 과녁에 的中(적중)되었습니다.

樹樹樹樹樹樹樹樹樹樹樹樹			的的的的的的的的			
樹	樹		的	的		
나무 수	나무 수		과녁 적	과녁 적		

수행평가

다음 한자(漢字)의 훈(訓)과 음(音)을 찾아 그 번호를 쓰시오.

1. 傳 (   )   ① 전할 전   ② 얻을 득   ③ 던질 투   ④ 거리 가
2. 說 (   )   ① 지을 조   ② 말씀 설   ③ 가르칠 훈   ④ 읽을 독

다음의 훈(訓)과 음(音)에 맞는 한자(漢字)를 찾아 그 번호를 쓰시오.

3. 나무 수 (   )   ① 收   ② 所   ③ 樹   ④ 特
4. 과녁 적 (   )   ① 直   ② 投   ③ 同   ④ 的

다음의 뜻에 맞는 한자어(漢字語)를 고르시오.

5. 전하는 말 (   )   ① 傳言   ② 傳統   ③ 傳衣   ④ 傳導
6. 전해오는 옛 이야기 (   )   ① 說話   ② 雪花   ③ 雪山   ④ 說明
7. 살아있는 나무 (   )   ① 草木   ② 失敗   ③ 友愛   ④ 樹木

다음 글을 읽고 한자어(漢字語)의 독음(讀音)을 쓰시오.

8. 우리가 공부하는 目的 (   )은 새로운 지식을 얻기 위함입니다.

다음 글을 읽고 물음에 답하시오.

9. 다음 중 '的'과 음(音)이 같은 한자(漢字)를 고르시오. (   )
   ① 適   ② 族   ③ 住   ④ 重

10. 다음 □ 안에 공통으로 들어갈 수 있는 한자(漢字)를 고르시오.

    □話, 傳□, □明   (   )
    ① 說   ② 果   ③ 道   ④ 傳

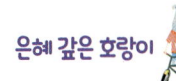 1. 아기와 새끼 호랑이의 탄생

勇 날랠 용

力부 7획 (총9획)

勇 ⊕ yǒng

솟는(甬) 힘(力)이니 '날랠 용'
+ 甬(솟을 용), 力(힘 력)

- **勇氣(용기)** : 씩씩하고 굳센 기운. (氣:기운 기)
  – 민수는 아주 **勇氣(용기)**가 있는 친구입니다.

- **勇士(용사)** : 용감한 군인이나 청년. (士:선비 사)
  – 이웃 집 아저씨는 월남전 참전 **勇士(용사)**라고 합니다.

成 이룰 성

戈부 2획 (총7획)

成 ⊕ chéng 반의어 敗(패할 패)

장정(丁)처럼 무성하게(戊), 즉 힘차게 일하면 이루어지니 '이룰 성'
+ 丁(고무래 정, 못 정, 장정 정), 戊(무성할 무)

- **成長(성장)** : 점점 커짐. 자람. 성숙해짐. (長:긴 장)
  – 나쁜 생각이 우리의 바른 **成長(성장)**을 방해합니다.

- **完成(완성)** : 일을 완전하게 다 이루는 것. (完:완전할 완)
  – 일주일에 걸쳐 미술 작품을 **完成(완성)**하였습니다.

勇勇勇勇勇勇勇勇				成成成成成成成			
勇	勇			成	成		
날랠 용	날랠 용			이룰 성	이룰 성		

 공 공

力부 3획 (총5획)

功 中 gōng

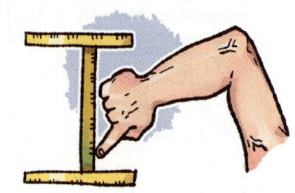

만드는(工)데 힘(力)을 들이니 '공 공'
+ 工(장인 공, 만들 공, 연장 공), 力(힘 력)

- **成功**(성공) : 목적을 이룸. (成:이룰 성)
  - 삼촌은 밤낮없이 연구하여 신품종 개발에 **成功**(성공)하셨습니다.

- **功勞**(공로) : 일에 애쓴 공적. (勞:일할 로)
  - 아버지가 회사에서 **功勞**(공로)패를 받아오셨습니다.

 지을 작

亻(人)부 5획 (총7획)

作 中 zuò

사람(亻)은 잠깐(乍) 사이에 무엇을 지으니 '지을 작'
+ 亻=人(사람 인), 乍(잠깐 사)

- **名作**(명작) : 이름난 훌륭한 작품. (名:이름 명, 이름날 명)
  - 이번 여름방학에는 세계**名作**(명작) 동화를 읽을 계획입니다.

- **作品**(작품) : 공들여 만든 물건. (品:물건 품)
  - 내가 만든 **作品**(작품)이 복도에 전시되었습니다.

1. 아기와 새끼 호랑이의 탄생

싸울 전

戈부 12획 (총16획)

戰　中 zhàn　동의어 爭(다툴 쟁)

 戰

홀로(單) 창(戈)들고 싸우니 '싸울 전'
+ 單(홀 단), 戈(창 과)

- 戰友(전우) : 같은 전장에서 함께 전투에 종사한 동료. (友:벗 우)
  - 아버지께서는 오랜만에 戰友(전우)를 만나 무척 기뻐하셨습니다.

- 作戰(작전) : 일정 기간에 집중적으로 벌이는 군사적 행동. (作:지을 작)
  - 적을 이기기 위한 作戰(작전) 회의가 열리고 있습니다.

군사 군

車부 2획 (총9획)

軍　中 jūn　동의어 士(군사 사)

 軍

덮어서(冖) 차(車)까지 위장했으니 '군사 군'
+ 冖(덮을 멱), 車(수레 거, 차 차)

- 大軍(대군) : 군사의 수효가 많은 군대. (大:큰 대)
  - 거란이 십만 大軍(대군)을 앞세워 쳐들어왔습니다.

- 軍士(군사) : '군인'의 옛말. (士:선비 사)
  - 전쟁으로 인하여 수백 명의 軍士(군사)가 희생되었습니다.

戰戰戰戰戰戰戰戰戰戰戰戰					軍軍軍軍軍軍軍軍軍				
戰	戰				軍	軍			
싸울 전	싸울 전				군사 군	군사 군			

수행평가

🐦 다음 한자(漢字)의 훈(訓)과 음(音)을 찾아 그 번호를 쓰시오.

1. 作 (   )　①지을 작　②갚을 보　③뿌리 근　④그칠 지
2. 戰 (   )　①일어날 흥　②군사 병　③싸울 전　④팔 매

🐦 다음의 훈(訓)과 음(音)에 맞는 한자(漢字)를 찾아 그 번호를 쓰시오.

3. 이룰 성 (   )　①淸　②成　③朝　④意
4. 날랠 용 (   )　①眼　②勇　③湖　④特

🐦 다음의 뜻에 맞는 한자어(漢字語)를 고르시오.

5. 뜻을 이룸　(   )　①得男　②成功　③公共　④晝夜
6. 씩씩하고 굳센 기운 (   )　①勇氣　②戰功　③考物　④友情
7. 일정기간 집중적으로 벌이는 군사적 행동 (   )　①問題　②發明　③作戰　④作用

🐦 다음 글을 읽고 한자어(漢字語)의 독음(讀音)을 쓰시오.

8. 이순신 장군은 적은 수의 軍士(   )로 왜군과 싸워 이겼습니다.

🐦 다음 글을 읽고 물음에 답하시오.

9. 다음 중 '成'과 음(音)이 같은 한자(漢字)를 고르시오. (   )

　①設　②使　③洗　④性

10. 다음 □ 안에 공통으로 들어갈 수 있는 한자(漢字)를 고르시오.

　□氣, □士, □卒　(   )

　①勇　②功　③軍　④作

 1. 아기와 새끼 호랑이의 탄생

對

대답할 대

寸부 11획 (총14획)

对 中 duì

풀 무성하듯(丵) 많은 사람이 자리(一)에 앉아 정해진 법도(寸)에 따라 상대하고 대답하니 '대답할 대', '상대할 대'
+ 丵(풀 무성할 착), 一(한 일), 寸(마디 촌, 법도 촌)

- 相對(상대) : 서로 마주 대함. (相:서로 상)
  - 진호는 성격이 까다로워 相對(상대)하기가 힘이 듭니다.

- 對答(대답) : 물음에 응하는 것. (答:대답할 답)
  - 부모님이 부르시면 빨리 對答(대답)해야 합니다.

敵

원수 적

攵부 11획 (총15획)

敌 中 dí

밑동(啇)까지, 즉 근본까지 쳐야(攵)하는 상대니 '원수 적'
+ 啇(밑동 적, 뿌리 적), 攵(칠 복)

- 敵軍(적군) : 적의 군대나 병사. (軍:군사 군)
  - 이순신 장군이 바다에서 敵軍(적군)을 물리치셨습니다.

- 對敵(대적) : 적과 맞서는 것. (對:대할 대, 대답할 대)
  - 이순신 장군은 적은 군사로 많은 적군들과 對敵(대적)하였습니다.

對對對對對對對對對對對	敵敵敵敵敵敵敵敵敵敵
對	敵
대답할 대	원수 적

수행평가

🐦 다음 한자(漢字)의 훈(訓)과 음(音)을 찾아 그 번호를 쓰시오.

1. 對 (　　) ① 제목 제　② 대답할 대　③ 얻을 득　④ 마을 촌
2. 敵 (　　) ① 원수 적　② 떠나갈 리　③ 공경할 경　④ 가르칠 교

🐦 다음의 훈(訓)과 음(音)에 맞는 한자(漢字)를 찾아 그 번호를 쓰시오.

3. 군사 군 (　　) ① 買　② 葉　③ 頭　④ 軍
4. 싸울 전 (　　) ① 戰　② 協　③ 務　④ 忠

🐦 다음의 뜻에 맞는 한자어(漢字語)를 고르시오.

5. 서로 마주 대함　(　　) ① 絶才　② 快便　③ 相對　④ 早食
6. 마주 대하여 서로 의견을 주고 받음　(　　) ① 對話　② 黑白　③ 平和　④ 對答
7. 적의 군대　(　　) ① 小兒　② 敵軍　③ 建設　④ 自然

🐦 다음 글을 읽고 한자어(漢字語)의 독음(讀音)을 쓰시오.

8. 대화를 할 때 相對 (　　)의 의견을 존중해야 합니다.

🐦 다음 글을 읽고 물음에 답하시오.

9. 다음 중 '對'와 음이 같은 한자(漢字)를 고르시오. (　　)
   ① 報　② 代　③ 觀　④ 止

10. 다음 □안에 공통으로 들어갈 수 있는 한자(漢字)를 고르시오.
    □兵, □手, □國　(　　)
    ① 敵　② 偉　③ 永　④ 適

은혜 갚은 호랑이

단원평가

🐦 다음 한자(漢字)의 훈(訓)과 음(音)을 쓰시오.

1. ① 成 (   )   ② 樹 (   )

🐦 다음 한자어(漢字語)의 음(音)과 뜻을 찾아 줄로 이으시오.

2. 說話 •   • ① 용기 •   • ㉠ 전해오는 옛 이야기
3. 勇氣 •   • ② 성공 •   • ㉡ 뜻을 이룸
4. 成功 •   • ③ 설화 •   • ㉢ 씩씩하고 굳센 기운

🐦 다음 글을 읽고 물음에 답하시오.

5 다음 한자(漢字)의 독음(讀音)이 서로 다른 것을 고르시오. (   )
　① 說 – 設　　② 戰 – 傳　　③ 的 – 定　　④ 前 – 典

6 뜻이 서로 상대되는 것끼리 짝지어진 한자어(漢字語)를 고르시오. (   )
　① 作戰　　② 成敗　　③ 軍士　　④ 對敵

7 뜻이 서로 비슷한 것끼리 짝지어진 한자어(漢字語)를 고르시오. (   )
　① 果實　　② 大敵　　③ 勇氣　　④ 成功

8. 다음 중 '樹'와 어울리는 한자(漢字)를 고르시오. (   )
　① 軍　　② 對　　③ 古　　④ 木

🐦 다음의 어원(語原)에 해당하는 한자(漢字)를 고르시오.

9 '만드는데 힘을 들임'을 뜻하는 글자 (   )
　① 話　　② 功　　③ 戰　　④ 氣

🐦 〈보기〉에서 한자(漢字)를 찾아 끝말잇기를 해 보시오.

　보기 | 功　爭　動　事 |

10. 作戰 – 戰(   ) – (   )勞 – 勞(   )

戰戰兢兢

싸울, 두려워할 **전** 싸울, 두려워할 **전** 조심할 **긍** 조심할 **긍**

'두려워 떨며 조심함'으로, 몹시 두려워 떠는 모습을 말할 때 쓰는 말.

2 호랑이의 출현

- '호랑이의 출현' 이야기에 나오는 한자를 공부해 봅시다.
- 내가 마을 사람이라면 어떤 행동을 했을지 이야기해 봅시다.

QR을 찍으면 구연동화로 재생 됩니다.

어느 날 도적들이 마을 사람들을 끌고 깊은 산을 넘어가던 도중이었습니다.

맑은 하늘에 갑자기 검은 **구름**[**雲**(운)]이 몰려와 덮더니 마치 하늘에서 운석이 떨어지듯이 장대비를 뿌리기 시작하였습니다. 순식간에 내린 비로 계곡물이 넘칠 정도였습니다. 도적들은 사람들을 멈추게 하였습니다.

그 때 갑자기 빽빽한 **密林**(밀림)속에서
밀림 : 나무가 빽빽한 수풀
섬광같은 눈빛을 뿜으며 집채만한 호랑이가 나타났습니다. 사람들은 모두 공포에 질려 그 자리에 주저앉고 말았습니다. 도적 두목은 위험을 **認識**(인식)하고 다급하게 말했습니다.
인식 : 사물을 깨달아 아는 일

"보아하니 저 호랑이가 배가 고픈 듯하다! 너희 중에 누가 제물이 되어야겠다. 누가 나가겠느냐! 빨리 **定**(정)하거라!"

아무도 이에 **應**(응)하지 않자 도적 두목은 "안되겠다. 각자 너희들 옷을 하나씩 벗어 호랑이 앞에 던져라. 그래

서 호랑이가 밟는 옷의 임자가 호랑이의 재물이 되도록 하라!"

사람들은 是非(시비)를 가릴 겨를도 없이 저마다 자기의 옷을 벗어 호랑이 앞에 던졌습니다. 그때까지 꿈쩍하지 않고 사람들을 노려보던 호랑이는 천천히 앞으로 나왔습니다. 近方(근방)에 던져진 옷들을 하나씩 유심히 살펴보더니 그 중 하나를 발로 밟았습니다.

시비 : 옳고 그름
근방 : 가까운 곳

그 옷은 봄에 태어난 사내 아기의 것이었습니다. 아기의 어머니는 至今(지금) 일어난 일이 믿기지 않았습니다. 아기의 어머니가 高聲(고성)을 지르며 통곡하였습니다.

지금 : 이제에 이르기까지
고성 : 떠드는 큰 목소리

"무심한 하늘이여! 내게 무슨 罪(죄)가 그리도 많아 以前(이전)에는 아기의 아비가 호랑이에 물려 죽더니 이제 가엾은 우리 아기 차례란 말입니까? 차라리 내가 죽게 해 주시오."

이전 : 기준이 되는 일정한 때보다 앞선 시기

사람들은 안타깝지만 더 이상 지체할 수 없어 아기와 어머니를 남겨 놓고 산비탈로 올라갔습니다. 사람들이 떠나간 자리는 마치 戰爭(전쟁)이 끝난 뒤처럼 고요하였습니다.

전쟁 : 무력에 의한 국가간의 싸움

새로 배우는 한자

雲	密	認	定	應	是
구름 운	빽빽할 밀	인정할 인	정할 정	응할 응	바를 시
近	至	聲	罪	以	爭
가까울 근	이를 지	소리 성	허물 죄	써 이	다툴 쟁

이미 배운 한자

| 林 | 識 | 非 | 方 | 今 | 高 | 前 | 戰 |
| 수풀 림 | 알 식 | 아닐 비 | 모, 방위 방 | 이제, 지금 금 | 높을 고 | 앞 전 | 싸울 전 |

2. 호랑이의 출현 25

 **구름 운**

雨부 4획 (총12획)

云　中 yún

비(雨)가 오리라고 말해(云)주는 것이니 '구름 운'
+ 雨(비 우), 云(이를 운)

뜻/활용
- 白雲(백운) : 흰 구름. (白:흰 백)
  - 白雲(백운)으로 둘러싸인 산꼭대기가 신비스럽습니다.
- 雲集(운집) : 구름같이 모여듦. (集:모일 집)
  - 축구경기를 보기 위하여 많은 사람들이 雲集(운집) 하였습니다.

 **빽빽할 밀**

宀부 8획 (총11획)

密　中 mì

나무 빽빽한(密) 산(山)에 숨겨 비밀로 하니 '빽빽할 밀', '비밀 밀'
+ 密(빽빽할 밀), 山(산 산)

뜻/활용
- 密談(밀담) : 남몰래 비밀리에 하는 이야기. (談:말씀 담)
  - 대통령께서 국빈과 密談(밀담)을 나누고 계십니다.
- 密林(밀림) : 나무가 빽빽한 수풀. (林:수풀 림)
  - 타잔을 密林(밀림)의 왕자라고 부릅니다.

雲雲雲雲雲雲雲雲雲雲雲雲					密密密密密密密密密密密				
雲	雲				密	密			
구름 운	구름 운				빽빽할 밀	빽빽할 밀			

2. 호랑이의 출현

 **인정할 인**

言부 7획 (총14획)

认　中 rèn

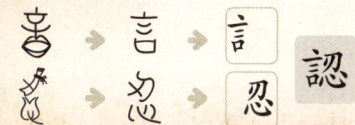

하고 싶은 말(言)을 참고(忍) 인정하니 '인정할 인'
+ 言(말씀 언), 忍(참을 인)

- **認定**(인정) : 확실히 그렇다고 여김. (定:정할 정)
  - 영수의 탁구 실력은 우리 모두가 **認定**(인정)합니다.

- **認識**(인식) : 사물을 깨달아 아는 일. (識:알 식)
  - 웃음이 건강에 좋다고 많은 사람들이 **認識**(인식)하고 있습니다.

 **정할 정**

宀부 5획 (총8획)

定　中 dìng

집(宀)안의 물건도 바르게(正) 자리를 정하니 '정할 정'
+ 宀(집 면), 正(바를 정)

- **安定**(안정) : 안전하게 자리를 잡음. (安:편안 안)
  - 사람들은 누구나 **安定**(안정)된 생활을 원합니다.

- **定式**(정식) : 정해놓은 격식. 방식. (式:법 식)
  - 태권도는 시드니 올림픽 때부터 **定式**(정식) 종목으로 채택되었습니다.

認認認認認認認認認認認認認認							定定定定定定定定						
認	認						定	定					
인정할 인	인정할 인						정할 정	정할 정					

수행평가

● 다음 한자(漢字)의 훈(訓)과 음(音)을 찾아 그 번호를 쓰시오.

1. 雲 (   ) ① 전기 전 ② 구름 운 ③ 사랑 애 ④ 농사 농
2. 認 (   ) ① 힘쓸 무 ② 마칠 종 ③ 인정할 인 ④ 시험할 시

● 다음의 훈(訓)과 음(音)에 맞는 한자(漢字)를 찾아 그 번호를 쓰시오.

3. 빽빽할 밀 (   ) ① 密 ② 興 ③ 步 ④ 極
4. 정할 정   (   ) ① 章 ② 製 ③ 義 ④ 定

● 다음의 뜻에 맞는 한자어(漢字語)를 고르시오.

5. 구름같이 모여듦 (   ) ① 雲集 ② 頭角 ③ 國民 ④ 湖水
6. 큰 나무들이 빽빽하게 들어선 수풀 (   ) ① 投手 ② 密林 ③ 時間 ④ 內外
7. 사물을 깨달아 아는 일 (   ) ① 卒業 ② 祝電 ③ 認識 ④ 題目

● 다음 글을 읽고 한자어(漢字語)의 독음(讀音)을 쓰시오.

8. 바른 행동은 누구에게든 認定 (   )을 받습니다.

● 다음 글을 읽고 물음에 답하시오.

9. 다음 중 '定'과 음(音)이 같은 한자(漢字)를 고르시오. (   )
   ① 服 ② 福 ③ 庭 ④ 都

10. 다음 □ 안에 공통으로 들어갈 수 있는 한자(漢字)를 고르시오.

□告, □度, □賣   (   )

① 密 ② 移 ③ 私 ④ 宿

2. 호랑이의 출현

응할 응

心부 13획 (총17획)

应　🇨🇳 yīng, yìng

집(广)에서 사람(亻)이 키운 새(隹)는 주인의 마음(心)에 응하니 '응할 응'
+ 广(집 엄), 亻=人(사람 인), 隹(새 추), 心(마음 심)

- **應**答(응답) : 부름이나 물음에 대한 대답. (答:대답할 답)
  – 시험에 대한 질의서를 보냈더니 이제야 應答(응답)이 왔습니다.

- **應**手(응수) : 상대편에 대응하는 수. (手:재주 수, 손 수)
  – 형은 아버지와 바둑을 둘 때 신중하게 應手(응수)합니다.

바를 시

日부 5획 (총9획)

是　🇨🇳 shì

是 → 是 → 是

해(日)처럼 밝고 바르니(正) '옳을 시'
+ 日(해 일, 날 일), 正(바를 정)

- **是**非(시비) : 옳고 그름. (非:아닐 비)
  – 영수가 사소한 일로 是非(시비)를 걸어 싸웠습니다.

- **是**正(시정) : 잘못된 것을 바로 잡음. (正:바를 정)
  – 구청장님이 주민들의 불편 사항을 是正(시정)하겠다고 약속하셨습니다.

應 應 應 應 應 應 應 應 應 應 應 應	是 是 是 是 是 是 是 是 是
應　應	是　是
응할 응　응할 응	바를 시　바를 시

29

近 가까울 근

辶(辶)부 4획 (총8획)

近 中 jìn

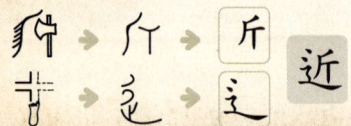 近

(저울에 물건을 달 때) 저울(斤)의 막대가 눈금에서 좌우로 옮겨 가는(辶) 거리처럼 가까우니 '가까울 근'
+ 斤(도끼 근, 저울 근), 辶(갈 착, 뛸 착)

- **最近(최근)** : 바로 얼마 전. (最:가장 최)
  - 우리 이웃집은 **最近(최근)**에 이사를 왔습니다.

- **近方(근방)** : 가까운 곳. (方:방위 방, 모 방)
  - 우리 동네 **近方(근방)**에 예쁜 공원이 있습니다.

至 이를 지

至부 0획 (총6획)

至 中 zhì

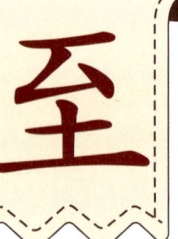 至

공중(一)으로부터 내(厶)가 땅(土)에 이르니 '이를 지'
+ 厶(사사 사, 나 사), 土(흙 토)

- **冬至(동지)** : 24절기의 하나로 12월 22~23일경. (冬:겨울 동)
  - 冬至(동지)에는 팥죽을 먹습니다.

- **至今(지금)** : 이제에 이르기까지. (今:이제 금)
  - 은아는 **至今(지금)**까지 모은 돈을 모두 은행에 저금하였습니다.

近近近近近近近近					至至至至至至				
近	近				至	至			
가까울 근	가까울 근				이를 지	이를 지			

聲 소리 성

耳부 11획 (총17획)

声　⊕ shēng

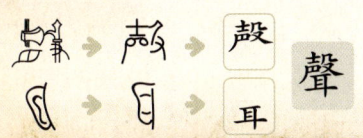　경쇠(磬) 소리처럼 귀(耳)에 들려오는 소리니 '소리 성'
+ 殸[경쇠 경(磬)의 획 줄임], 耳(귀 이)

뜻 활용

- 名聲(명성) : 이름이 널리 알려지고 칭찬을 받는 것. (名:이름 명)
  - 나라 안에 그 사람의 名聲(명성)이 점점 높아졌습니다.

- 高聲(고성) : 떠드는 큰 목소리. (高:높을 고)
  - 법정에서 검사와 변호사간에 高聲(고성)이 오갔습니다.

罪 허물 죄

网부 8획 (총13획)

罪　⊕ zuì

　법의 그물(罒)에 어긋난(非) 일로 걸렸으니 '허물 죄', '죄지을 죄'
+ 罒(그물 망), 非(어긋날 비, 아닐 비, 나무랄 비)

뜻 활용

- 無罪(무죄) : 죄가 없음. (無:없을 무)
  - 옆집 아저씨는 결백이 밝혀져 無罪(무죄)를 선고 받았습니다.

- 罪人(죄인) : 죄를 지은 사람. (人:사람 인)
  - 조금 잘못했다고 罪人(죄인) 취급 당하는 것은 기분이 나쁩니다.

聲 聲 聲 聲 聲 聲 聲 聲 聲 聲				罪 罪 罪 罪 罪 罪 罪 罪 罪 罪 罪			
聲	聲			罪	罪		
소리 성	소리 성			허물 죄	허물 죄		

수행평가

🐤 다음 한자(漢字)의 훈(訓)과 음(音)을 찾아 그 번호를 쓰시오.

1. 應 (   )   ① 응할 응   ② 의원 의   ③ 정성 성   ④ 항상 상
2. 是 (   )   ① 기운 기   ② 바를 시   ③ 다를 타   ④ 처음 초

🐤 다음의 훈(訓)과 음(音)에 맞는 한자(漢字)를 찾아 그 번호를 쓰시오.

3. 가까울 근 (   )   ① 農   ② 勞   ③ 近   ④ 深
4. 이를 지   (   )   ① 師   ② 至   ③ 原   ④ 清

🐤 다음의 뜻에 맞는 한자어(漢字語)를 고르시오.

5. 서로 마주 대함   (   )   ① 財物   ② 忠心   ③ 設立   ④ 應手
6. 가까운 곳   (   )   ① 近方   ② 左右   ③ 秋冬   ④ 研究
7. 옳음과 그름   (   )   ① 強弱   ② 是非   ③ 銀行   ④ 忠誠

🐤 다음 글을 읽고 한자어(漢字語)의 독음(讀音)을 쓰시오.

8. 공공 장소에서 高聲(   )으로 말하는 것은 예의가 아닙니다.

🐤 다음 글을 읽고 물음에 답하시오.

9. 다음 중 '近'과 음(音)이 같은 한자(漢字)를 고르시오.   (   )
   ① 陽   ② 惠   ③ 億   ④ 根

10. 다음 □ 안에 공통으로 들어갈 수 있는 한자(漢字)를 고르시오.
    □人, □惡, 原□   (   )
    ① 罪   ② 寺   ③ 竹   ④ 回

2. 호랑이의 출현

 써 이
人부 3획 (총5획)
以 ㊥ yǐ

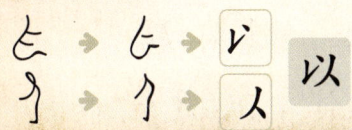
사사로운(厶) 욕심 때문에 사람(人)으로서의 가치를 잃으니 '써 이', '까닭 이'
+ 厶(사사로울 사), 人(사람 인)

- 以前(이전) : 기준이 되는 일정한 때보다 앞선 시기. (前:앞 전)
  – 우리 가족은 서울로 이사오기 以前(이전)에 경기도에 살았습니다.

- 以後(이후) : 뒤. 다음. (後:뒤 후)
  – 왜구의 침입이 있은 以後(이후) 백성들의 생활이 더 어려워졌습니다.

 다툴 쟁
爪부 4획 (총8획)
爭 ㊥ zhēng

손톱(爫)을 세우고 오른손(⺕)에 갈고리(亅)를 든 모습이니 '다툴 쟁'
+ 爫(손톱 조), ⺕(오른손 우), 亅(갈고리 궐)

- 戰爭(전쟁) : 무력에 의한 국가간의 싸움. (戰:싸울 전)
  – 잔다르크는 여자의 몸으로 군대를 이끌고 戰爭(전쟁)터에 나갔습니다.

- 競爭(경쟁) : 서로 겨룸. 다툼. (競:다툴 경)
  – 생명 공학에 대하여 이미 여러 나라가 競爭(경쟁)에 들어갔습니다.

以 以 以 以 以					爭 爭 爭 爭 爭 爭 爭 爭				
以	以				爭	爭			
써 이	써 이				다툴 쟁	다툴 쟁			

2. 호랑이의 출현

수행평가

* 다음 한자(漢字)의 훈(訓)과 음(音)을 찾아 그 번호를 쓰시오.

  1. 以 (   ) ① 살필 찰 ② 도울 조 ③ 업 업 ④ 써 이
  2. 爭 (   ) ① 더러울 악 ② 다툴 쟁 ③ 자리 석 ④ 깊을 심

* 다음의 훈(訓)과 음(音)에 맞는 한자(漢字)를 찾아 그 번호를 쓰시오.

  3. 다툴 쟁 (   ) ① 爭 ② 順 ③ 富 ④ 賞
  4. 써 이 (   ) ① 奉 ② 養 ③ 以 ④ 展

* 다음의 뜻에 맞는 한자어(漢字語)를 고르시오.

  5. 기준이 되는 일정한 때보다 앞선 시기, 옛날 (   ) ① 大洋 ② 以前 ③ 幸福 ④ 上席
  6. 국가간에 서로 무력을 써서 하는 싸움 (   ) ① 合計 ② 收入 ③ 天地 ④ 戰爭
  7. 그 뒤 (   ) ① 以後 ② 草木 ③ 孝道 ④ 兄弟

* 다음 글을 읽고 한자어(漢字語)의 독음(讀音)을 쓰시오.

  8. 爭議(   )란 서로 자기의 의견을 주장하여 다투는 것입니다.

* 다음 글을 읽고 물음에 답하시오.

  9. 다음 중 '以'와 음(音)이 같은 한자(漢字)를 고르시오. (   )
     ① 算 ② 陸 ③ 耳 ④ 星

  10. 다음 □ 안에 공통으로 들어갈 수 있는 한자(漢字)를 고르시오.
      □前, □後, □上 (   )
      ① 聖 ② 以 ③ 君 ④ 相

단원평가

🐦 다음 한자(漢字)의 훈(訓)과 음(音)을 쓰시오.

1. ① 認 (   )   ② 罪 (   )

🐦 다음 한자어(漢字語)의 음(音)과 뜻을 찾아 줄로 이으시오.

2. 密林 •   • ① 근방   • ㉠ 크고 높은 목소리
3. 高聲 •   • ② 밀림   • ㉡ 가까운 곳
4. 近方 •   • ③ 고성   • ㉢ 큰 나무들이 빽빽하게
                                        들어선 수풀

🐦 다음 글을 읽고 물음에 답하시오.

5. 다음 한자(漢字)의 독음(讀音)이 서로 다른 것을 고르시오. (   )
   ① 雲 - 近   ② 近 - 根   ③ 至 - 地   ④ 認 - 仁

6. 뜻이 서로 상대되는 것끼리 짝지어진 한자어(漢字語)를 고르시오. (   )
   ① 遠近   ② 認識   ③ 以前   ④ 至今

7. 뜻이 서로 비슷한 것끼리 짝지어진 한자어(漢字語)를 고르시오. (   )
   ① 雲石   ② 戰爭   ③ 是非   ④ 應手

8. 다음 중 '至'와 음이 같은 한자(漢字)를 고르시오.   (   )
   ① 石   ② 爭   ③ 前   ④ 知

🐦 다음의 어원(語原)에 해당하는 한자(漢字)를 고르시오.

9. 집안의 물건도 위치를 정해야 함. (   )
   ① 宗   ② 定   ③ 方   ④ 是

🐦 〈보기〉에서 한자(漢字)를 찾아 끝말잇기를 해 보시오.

   보기   石   向   應   位

10. 近方 - 方(   ) - (   )上 - 上(   )

같은 음 다른 뜻

왼쪽에 있는 한자카드의 음(音)과 같은 음(音)을 가진 한자어(漢字語)를 연결하고, 독음(讀音)을 찾아 줄로 이어 봅시다.

以 •　　• 因 • 　　• 시

是 • 　　• 視 • 　　• 이

認 • 　　• 移 • 　　• 성

聲 • 　　• 誠 • 　　• 인

3 사죄하는 호랑이

QR을 찍으면 구연동화로 재생 됩니다.

- '사죄하는 호랑이' 이야기와 관련한 한자를 공부해 봅시다.
- 호랑이의 사죄에 대한 나의 의견을 말하여 봅시다.

어머니와 아들은 두 눈을 꼭 감았습니다. 눈을 감고 있어도 호랑이가 슬금슬금 걸어오는 모습이 **鮮明**(선명)하게 보였습니다. 그런데 가까이 다가온 호랑이는 어찌된 영문인지 아기 앞에 앉아 고개를 숙이는 것입니다.
선명 : 산뜻하고 분명함

바로 그때 **綠色**(녹색)으로 짙푸르게 어우러진 숲 속에서 아기 호랑이가 걸어 나오더니 어미 호랑이 옆에 앉았습니다. 아기 호랑이는 아기와 어머니를 **確認**(확인)이라도 하듯 번갈아 쳐다보더니 고개를 숙였습니다.
녹색 : 파랑과 노랑의 중간색
확인 : 확실하게 인정함

그 호랑이는 지난 해 아기의 아버지를 죽인 호랑이의 가족인 것입니다. 죄 없는 아기의 아버지를 죽인 남편을 대신하여 사과하는 뜻으로 아기와 어머니를 도적들에게서 구해 낸 것입니다. 이를 깨달은 어머니는 호랑이의 등을 어루만지며 감격의 눈물을 흘렸습니다.

"내 남편이 호랑이에게 물려 죽은 것은 이 세상 **法律**(법률)로 다스릴 수 없는 일이라 원망도 많이 했소. 그러나 그 죄를 씻으려고 슬기롭게 우리를 이렇게 구하였으니 비록 동물이지만 **偉大**(위대)하오. 세상 **理致**(이치)가 이와 같다면 가난하지만 우리 모두 행복할 텐데…….
법률 : 국가의 강제력을 수반하는 온갖 사회 규범
위대 : 뛰어나고 훌륭함
이치 : 사물의 정당함. 도리에 맞는 취지

이제 우리 서로 미워하지 말고 그간 쌓였던 원한들은 풀고 자식들을 훌륭히 키우는데 전념하기로 하오. 그런데 저 나쁜 도적들에게 끌려간 마을 사람들을 구해 낼 방도는 없겠소?"

호랑이는 한 句節(구절)도 놓치지 않고 자세히 듣더니 화답하는 듯 두 사람을 등에 태우더니 비호같이 관아로 내달려갔습니다. 소식을 전해들은 고을 원님은 이웃 部落(부락)의 兵力(병력)까지 총동원하여 도적들을 모두 붙잡고 마을 사람들을 무사히 구하였습니다. 마을 사람들은 호랑이의 깊은 뜻을 모르고 輕擧(경거) 망동한 행동을 한 것을 부끄러워하였습니다.

구절 : 한 토막의 말이나 글
병력 : 군대의 힘
부락 : 시골에 여러 집이 모여 이룬 마을
경거 : 경솔하게 행동함

마을에는 豊年(풍년)이 들었고 모두가 열심히 노력하여 잘 살았다고 합니다.

풍년 : 농사가 잘된 해

鮮	綠	確	律	偉	致
고울 선	푸를 록(녹)	굳을, 확실할 확	법 률(율)	훌륭할 위	이를 치
節	部	兵	輕	擧	豊
마디 절	떼 부	군사 병	가벼울 경	들 거	풍년 풍

明	色	認	法	大	理	句	落	力	年
밝을 명	빛 색	인정할 인	법 법	큰 대	다스릴 리(이)	글, 구절 구	떨어질 락	힘 력	해 년

 **고울 선**

魚부 6획 (총17획)

鲜 ㊥ xiān, xiǎn

 물고기(魚)가 양(羊)처럼 좋아 깨끗하고 싱싱하니 '고울 선', '깨끗할 선', '싱싱할 선'
+ 魚(물고기 어), 羊(양 양)

- 生鮮(생선) : 잡은 그대로의 물고기. (生:날 생)
  - 우리 가족은 生鮮(생선)을 좋아합니다.
- 鮮明(선명) : 산뜻하고 분명함. (明:밝을 명)
  - 갓 피어난 봉숭아 꽃이 鮮明(선명)한 색을 띠고 있습니다.

 **푸를 록(녹)**

糸부 8획 (총14획)

绿 ㊥ lǜ

 실(糸)이 나무 깎을(彔)때 나온 것이면 푸르니 '푸를 록'
+ 糸(실 사, 실사 변), 彔(나무 깎을 록)

- 綠地(녹지) : 풀이나 나무를 심어 놓은 지역. (地:땅 지)
  - 도시는 綠地(녹지) 공간이 부족하여 환경이 삭막합니다.
- 綠色(녹색) : 푸른 빛깔과 누런 빛깔의 중간 색. (色:빛 색)
  - 나는 나무를 그리고 잎은 綠色(녹색)으로 칠했습니다.

鮮鮮鮮鮮鮮鮮鮮鮮鮮鮮						綠綠綠綠綠綠綠綠綠綠綠綠綠綠						
鮮	鮮					綠	綠					
고울 선	고울 선					푸를 록(녹)	푸를 록(녹)					

은혜 갚은 호랑이 3. 사죄하는 호랑이

 굳을, 확실할 **확**

石부 10획 (총15획)

确 中 què 동의어 固(굳을 고)

 確

돌(石)로 누르면 하늘(冖)을 찌르는 모습으로 날아가는 새(隹)도 확실히 날지 못하니 '확실할 확'
+ 石(돌 석), 冖(덮을 멱), 隹(새 추)

뜻
활용

- 確信(확신) : 굳게 믿음. (信:믿을 신)
  – 나는 이번 시험에 합격하리라는 確信(확신)이 있습니다.

- 確認(확인) : 확실하게 인정함. (認:인정할 인)
  – 선생님께서는 방학 과제물을 일일이 確認(확인)하셨습니다.

 법 **률(율)**

彳부 6획 (총9획)

律 中 lǜ

律

행할(彳) 법을 붓(聿)으로 적은 것이니 '법 률', 또 일정한 법칙에 따른 음률이니 '음률 률'
+ 彳(조금 걸을 척), 聿(붓 율)

뜻
활용

- 法律(법률) : 국가에서 정한 국민이 따라야 하는 규율. (法:법 법)
  – 사회 생활의 질서를 위해서는 法律(법률)이 필요합니다.

- 自律(자율) : 스스로의 원칙에 따라 행동하는 것. (自:스스로 자)
  – 우리 반은 自律(자율)적으로 공부하는 분위기입니다.

確 確 確 確 確 確 確 確 確 確 確 確	律 律 律 律 律 律 律 律
確 確	律 律
확실할 확 확실할 확	법 률 법 률

수행평가

🐤 다음 한자(漢字)의 훈(訓)과 음(音)을 찾아 그 번호를 쓰시오.

1. 確 (   )   ① 굳을 확   ② 인정할 인   ③ 떨어질 락   ④ 옮길 이
2. 綠 (   )   ① 절 배   ② 공경할 경   ③ 푸를 록   ④ 갈 거

🐤 다음의 훈(訓)과 음(音)에 맞는 한자(漢字)를 찾아 그 번호를 쓰시오.

3. 법률 률 (   )   ① 園   ② 律   ③ 望   ④ 眞
4. 고울 선 (   )   ① 船   ② 離   ③ 鮮   ④ 識

🐤 다음의 뜻에 맞는 한자어(漢字語)를 고르시오.

5. 산뜻하고 밝음   (   )   ① 村長   ② 靑色   ③ 都市   ④ 鮮明
6. 확실히 인정함   (   )   ① 完成   ② 確認   ③ 改姓   ④ 改設
7. 국가가 제정하고 국민이 준수하는 법의 규율   (   )   ① 法律   ② 春秋   ③ 學習   ④ 和答

🐤 다음 글을 읽고 한자어(漢字語)의 독음(讀音)을 쓰시오.

8. 綠色(   )은 파랑과 노랑의 중간색입니다.

🐤 다음 글을 읽고 물음에 답하시오.

9. 다음 중 '鮮'과 음(音)이 같은 한자(漢字)를 고르시오.   (   )
   ① 拜   ② 美   ③ 船   ④ 動

10. 다음 □ 안에 공통으로 들어갈 수 있는 한자(漢字)를 고르시오.
    自□, 法□, 音□   (   )
    ① 己   ② 光   ③ 畵   ④ 律

偉 훌륭할 위

亻(人)부 9획 (총11획)

伟 中 wěi

옛날에는 사람(亻)이 가죽(韋) 옷을 입으면 훌륭하게 보였으니 '훌륭할 위'
+ 亻=人(사람 인), 韋(다룬 가죽 위, 어길 위)

- 偉大(위대) : 뛰어나고 훌륭함. (大:큰 대)
  − 세종대왕은 偉大(위대)한 업적을 많이 남기셨습니다.

- 偉人(위인) : 위대한 사람. (人:사람 인)
  − 偉人(위인)들은 어려서부터 책을 많이 읽었습니다.

致 이를 치

攵부 6획 (총10획)

致 中 zhì

뒤에 따라오는 사람이 목적지에 빨리 이르도록(至) 매로 채찍질(攵) 한다는 데서 '이를 치'
+ 至(이를 지, 지극할 지), 攵(칠 복)

- 理致(이치) : 사물의 정당함. 도리에 맞는 취지. (理:다스릴 리)
  − 진수는 나이는 어려도 理致(이치)에 맞게 행동을 합니다.

- 一致(일치) : 하나로 됨. 꼭 맞음. (一:한 일)
  − 학예회에 대한 우리 반 모두의 의견이 一致(일치) 하였습니다.

偉 偉 偉 偉 偉 偉 偉 偉						致 致 致 致 致 致 致 致 致 致					
偉	偉					致	致				
훌륭할 위	훌륭할 위					이를 치	이를 치				

節 마디 절

竹부 9획 (총15획)

节 中 jié

대(竹)가 자라면서 곧(卽) 생기는 것이니 '마디 절',
또 마디마디 나눠지는 세월이니 '계절 절'
+ 竹(대 죽), 卽(곧 즉)

 뜻 활용

- **名節**(명절) : 예로부터 전해오는 특별한 날. (名:이름날 명, 이름 명)
  – 추석은 우리나라의 큰 **名節**(명절)입니다.

- **句節**(구절) : 한 토막의 말이나 글. (句:글귀 구)
  – 시에는 **句節**(구절)마다 깊은 뜻이 담겨 있습니다.

部 떼 부

阝부 8획 (총11획)

部 中 bù

(효과적으로 다스리기 위하여) 갈라 놓은(咅) 고을(阝)이니
'마을 부', '나눌 부', '떼 부'
+ 咅(나눌 부), 阝(고을 읍)

 뜻 활용

- **全部**(전부) : 모두 다. 모조리. 온통. (全:온전할 전)
  – 할머니 생신에 친척들이 **全部**(전부) 모였습니다.

- **部落**(부락) : 시골에 여러 집이 모여 이룬 마을. (落:마을 락, 떨어질 락)
  – **部落**(부락) 사람들이 모두 모여 잔치를 벌였습니다.

節	節						部	部					
마디 절	마디 절						떼 부	떼 부					

44 은혜 갚은 호랑이

兵 군사 병

八부 5획 (총7획)

兵 中 bīng

언덕(丘)밑에 여덟(八) 명씩 있는 군사들이니 '군사 병'
+ 丘(언덕 구), 八(여덟 팔)

- 兵士(병사) : 부대를 이루고 있는 보통 군인. (士:선비 사)
  - 兵士(병사)들의 사기가 하늘 높이 치솟았습니다.

- 兵力(병력) : 군대의 힘. (力:힘 력)
  - 수해가 나서 복구를 위해 兵力(병력)을 동원하였습니다.

輕 가벼울 경

車부 7획 (총14획)

轻 中 qīng 반의어 重(무거울 중)

수레(車)가 물줄기(巠)처럼 가볍게 달리니 '가벼울 경'
+ 車(수레 거, 차 차), 巠(물줄기 경)

- 輕視(경시) : 대수롭지 않게 여김. (視:볼 시)
  - 요즈음은 사람의 가치를 輕視(경시)하는 일이 있습니다.

- 輕擧(경거) : 경솔하게 행동함. (擧:들 거)
  - 어른 앞에서는 輕擧(경거)망동을 삼가해야 합니다.

兵兵兵兵兵兵兵				輕輕輕輕輕輕輕輕輕輕輕輕輕輕					
兵	兵			輕	輕				
군사 병	군사 병			가벼울 경	가벼울 경				

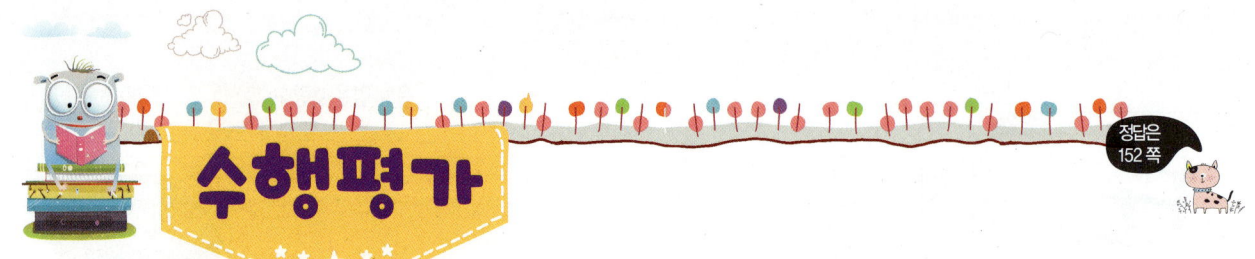

수행평가

- 다음 한자(漢字)의 훈(訓)과 음(音)을 찾아 그 번호를 쓰시오.

    1. 部 (   )   ① 힘 력   ② 떼 부   ③ 다시 재   ④ 기쁠 희
    2. 節 (   )   ① 마디 절   ② 처음 초   ③ 맺을 결   ④ 다툴 경

- 다음의 훈(訓)과 음(音)에 맞는 한자(漢字)를 찾아 그 번호를 쓰시오.

    3. 훌륭할 위 (   )   ① 石   ② 今   ③ 偉   ④ 前
    4. 이를 치 (   )   ① 戰   ② 高   ③ 果   ④ 致

- 다음의 뜻에 맞는 한자어(漢字語)를 고르시오.

    5. 사물의 정당함.
       도리에 맞는 취지   (   )   ① 理致   ② 宿所   ③ 移民   ④ 村落

    6. 한 토막의 말이나 글 (   )   ① 效果   ② 句節   ③ 富者   ④ 研究

    7. 시골에 여러 집이
       모여 이룬 마을   (   )   ① 黃金   ② 休日   ③ 部落   ④ 表示

- 다음 글을 읽고 한자어(漢字語)의 독음(讀音)을 쓰시오.

    8. 역사상 偉大(   )한 인물들이 많았습니다.

- 다음 글을 읽고 물음에 답하시오.

    9. 다음 중 '輕'과 음(音)이 같은 한자(漢字)를 고르시오.   (   )
       ① 堂   ② 景   ③ 益   ④ 席

    10. 다음 □ 안에 공통으로 들어갈 수 있는 한자(漢字)를 고르시오.

        □分, □下, □落   (   )
        ① 敎   ② 現   ③ 暗   ④ 部

은혜 갚은 호랑이 3. 사죄하는 호랑이

들 거
手부 14획 (총18획)
举 ⊕ jǔ

 擧

더불어(與) 함께 손(手)들어 행하고 일으키니 '들 거'
+ 與(더불 여, 줄 여), 手(손 수)

 뜻 활용

- 科**擧**(과거) : 옛날에 높은 관리를 뽑던 국가 시험. (科:과정 과)
  - 조선시대에는 科**擧**(과거)를 보아 벼슬길에 나아갔습니다.

- **擧**國(거국) : 온 나라. (國:나라 국)
  - 1919년 3.1운동이 **擧**國(거국)적으로 일어났습니다.

풍년 풍
豆부 6획 (총13획)
丰 ⊕ fēng

굽을(曲) 정도로 제기(豆)에 음식을 차리니 '풍성할 풍'
+ 曲(굽을 곡, 가락 곡), 豆(제기 두, 콩 두)

 뜻 활용

- **豊**富(풍부) : 넉넉하고 많음. (富:부자 부)
  - 사우디는 석유자원이 **豊**富(풍부)한 나라입니다.

- **豊**年(풍년) : 농사가 잘된 해. (年:해 년)
  - 올해는 **豊**年(풍년)이 들어 농부들이 무척 행복해 합니다.

擧擧擧擧擧擧擧擧擧	豊豊豊豊豊豊豊豊豊豊豊
擧 擧	豊 豊
들 거 들 거	풍년 풍 풍년 풍

3. 사죄하는 호랑이 47

수행평가

🐥 다음 한자(漢字)의 훈(訓)과 음(音)을 찾아 그 번호를 쓰시오.

1. 擧 (   )   ① 살필 찰   ② 셀 수   ③ 들 거   ④ 낮 오
2. 豊 (   )   ① 풍년 풍   ② 믿을 신   ③ 고을 읍   ④ 복 복

🐥 다음의 훈(訓)과 음(音)에 맞는 한자(漢字)를 찾아 그 번호를 쓰시오.

3. 풍년 풍 (   )   ① 豊   ② 注   ③ 育   ④ 親
4. 들 거   (   )   ① 化   ② 擧   ③ 志   ④ 産

🐥 다음의 뜻에 맞는 한자어(漢字語)를 고르시오.

5. 경솔하게 행동함   (   )   ① 落葉   ② 故物   ③ 根本   ④ 輕擧
6. 농사가 잘된 해   (   )   ① 原因   ② 豊年   ③ 滿發   ④ 家訓
7. 온 나라, 전국   (   )   ① 興亡   ② 戰友   ③ 和解   ④ 擧國

🐥 다음 글을 읽고 한자어(漢字語)의 독음(讀音)을 쓰시오.

8. 우리나라는 豊富(   )한 인적 자원을 가지고 있습니다.

🐥 다음 글을 읽고 물음에 답하시오.

9. 다음 중 '擧'와 음(音)이 같은 한자(漢字)를 고르시오.   (   )
   ① 喜   ② 居   ③ 齒   ④ 達

10. 다음 □ 안에 공통으로 들어갈 수 있는 한자(漢字)를 고르시오.
    □富, □作, □年   (   )
    ① 孫   ② 語   ③ 豊   ④ 由

은혜 갚은 호랑이

다음 한자(漢字)의 훈(訓)과 음(音)을 쓰시오.

1. ① 偉 (   )   ② 豊 (   )

다음 한자어(漢字語)의 음(音)과 뜻을 찾아 줄로 이으시오.

2. 句節 •   • ① 위대 •   • ㉠ 한 토막의 말이나 글
3. 偉大 •   • ② 구절 •   • ㉡ 경솔하게 행동함
4. 輕擧 •   • ③ 경거 •   • ㉢ 뛰어나고 훌륭함

다음 글을 읽고 물음에 답하시오.

5. 다음 한자(漢字)의 독음(讀音)이 서로 다른 것을 고르시오.   (   )
   ① 兵 - 病   ② 落 - 着   ③ 偉 - 危   ④ 輕 - 經

6. 뜻이 서로 상대되는 것끼리 짝지어진 한자어(漢字語)를 고르시오.(   )
   ① 部落   ② 兵力   ③ 法律   ④ 輕重

7. 뜻이 서로 비슷한 것끼리 짝지어진 한자어(漢字語)를 고르시오. (   )
   ① 豊年   ② 確固   ③ 母子   ④ 兵使

8. 다음 중 '部'와 음이 같은 한자(漢字)를 고르시오.   (   )
   ① 鮮   ② 律   ③ 夫   ④ 豊

다음의 어원(語原)에 해당하는 한자(漢字)를 고르시오.

9. '언덕밑에 여덟 명씩 있는 군사'를 뜻함. (   )
   ① 科   ② 兵   ③ 空   ④ 近

다음의 뜻에 맞는 사자성어의 한자(漢字)를 골라 그 번호를 쓰시오.

10. 마음과 마음으로 서로 뜻을 전함.   ◯心傳心   (   )
    ① 色   ② 理   ③ 致   ④ 以

한자어 만들기

아래와 같이 비누방울 속의 한자(漢字)를 묶어서 아래의 뜻에 어울리는 한자어(漢字語)를 만들고 음(音)을 써 보시오.

輕 擧 年 理 致 豊 確 認

뜻	한자어	음
농사가 잘된 해	豊年	풍년
도리에 맞는 근본 뜻		
확실히 알아보고 인정함		
경솔하게 행동함		

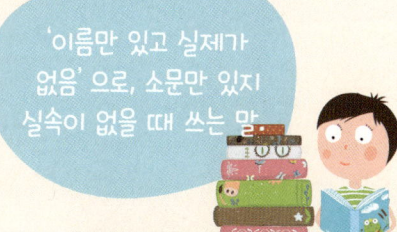

1 두운대사를 따르는 호랑이

- '두운대사를 따르는 호랑이'와 관련한 한자를 공부해 봅시다.
- 두운대사의 덕망이 나타나는 부분을 말해 봅시다.

신라 시대 선덕여왕 시절 두운대사에 관한 설화입니다. 두운대사는 덕망이 높고 **宗敎**(종교)의 규율을 철저히 지켰으며 반드시 예를 갖추어 선덕여왕을 대하였습니다. 관리들에게 욕심을 버리고 **君臣**(군신)의 도리를 바르게 **實行**(실행)할 것을 강조하여, 사람들은 두운대사를 **聖人**(성인)군자라 하였습니다.

종교 : 신이나 절대자를 인정하여 그것을 믿고 받드는 것
군신 : 임금과 신하
실행 : 실제로 행함
성인 : 덕과 지혜가 뛰어나 만인의 스승이 된 사람

두운대사가 소백산 기슭 천연동굴에 기거하며 도를 닦고 있을 때의 일입니다.

대사의 성격은 매우 **開放**(개방)적이어서 그 곳에는 사람들의 **訪問**(방문)이 잦을 뿐 아니라, 가끔은 호랑이 한 마리가 찾아와 함께 놀기도 하였습니다. 호랑이는 대사가 공부하는 자리에 **參席**(참석)하노라면 마치 자신이 사람인 듯한 **空想**(공상)을 하기도 했습니다.

개방 : 자유로이 드나들도록 열어놓음
방문 : 사람을 찾아가서 만나는 것
참석 : 모임 자리에 참여함
공상 : 이루어질 수 없는 헛된 생각

그러던 어느 날 웬일인지 호랑이가 동굴 입구에서 입을 딱 벌리고 눈물을 흘리고 있었습니다. 두운대사가 이상히 여겨 입 속을 보니 목구멍에 금비녀가 걸

려있는 것입니다. 두운대사는 금비녀를 뽑아준 뒤 크게 호랑이를 責望(책망)했습니다.

책망 : 잘못을 꾸짖고 나무람

"네 이놈! 아무리 짐승이어도 그렇지! 이 소백산에는 네가 먹을 만한 짐승이 많다. 그런데 사람을 해치다니 천벌을 받을 것이다. 다시는 내게 오지도 말아라!"

그런 일이 있은 뒤 호랑이는 미안한 마음이 들었는지 아기 호랑이 두 마리를 데리고 와서 재롱을 피우며 놀다 가곤 하였습니다.

어느 날 호랑이는 기름[油(유)]이 자르르 흐르는 멧돼지 한 마리를 잡아 물고 스님이 계신 동굴로 왔습니다. 멧돼지를 드리면 기뻐하실 줄 알았는데, 두운대사는 또 호통을 쳤습니다.

"이 녀석아! 도를 닦는 나에게 육식을 하라는 말이냐? 어서 썩 물러가거라."

또 다시 책망을 들은 호랑이는 고개를 숙인 채 슬그머니 꽁무니를 뺐습니다.

새로 배운 한자

宗	君	實	聖	開	放
마루 종	임금 군	열매 실	성인 성	열 개	놓을 방
訪	參	空	想	責	油
찾을 방	참여할 참, 석 삼	빌 공	생각할 상	꾸짖을 책	기름 유

이미 배운 한자

| 教 | 臣 | 行 | 人 | 問 | 席 | 望 |
| 가르칠 교 | 신하 신 | 다닐 행 | 사람 인 | 물을 문 | 자리 석 | 바랄 망 |

1. 두운대사를 따르는 호랑이

 마루 종

宀부 5획 (총8획)

宗 中 zōng

 집(宀)에 신(示)을 모시니 '종가 종', '마루 종'
+ 宀(집 면), 示(보일 시, 신 시)

- 宗家(종가) : 한 문중에서 맏이로만 이어 온 큰집. (家:집 가)
  - 우리 집은 宗家(종가)집이라 제사가 많습니다.
- 宗敎(종교) : 신이나 절대자를 인정하여 그것을 믿고 받드는 것. (敎:가르칠 교)
  - 전 세계에는 다양한 宗敎(종교)가 있습니다.

 임금 군

口부 4획 (총7획)

君 中 jūn 반의어 臣(신하 신)

 다스리며(尹) 입(口)으로 명령하는 분이니 '임금 군'
+ 尹(다스릴 윤), 口(입 구, 말할 구, 구멍 구)

- 大君(대군) : 임금의 정식 부인이 낳은 아들. (大:큰 대)
  - 수양 大君(대군)은 어린 단종을 몰아내고 임금이 되었습니다.
- 君臣(군신) : 임금과 신하. (臣:신하 신)
  - 선비들은 君臣(군신) 사이의 믿음을 귀하게 여겼습니다.

宗宗宗宗宗宗宗宗					君君君君君君君				
宗	宗				君	君			
마루 종	마루 종				임금 군	임금 군			

호랑이와 두운대사   1. 두운대사를 따르는 호랑이

열매 실

宀부 11획 (총14획)

实   中 shí   동의어 果(열매 과)

수확하여 집(宀)에 꿰어(貫) 놓은 것이니 '열매 실'
+ 宀(집 면), 貫(꿸 관, 무게 단위 관)

- 實力(실력) : 실제로 어떤 일을 해 낼 수 있는 능력. (力:힘 력)
  – 형은 수학 實力(실력)이 대단합니다.

- 實行(실행) : 실제로 행함. (行:다닐 행)
  – 사람은 마음 먹은 것을 꾸준히 實行(실행)하기가 쉽지 않습니다.

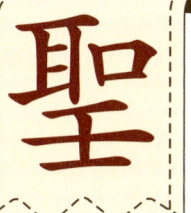

성인 성

耳부 7획 (총13획)

圣   中 shèng

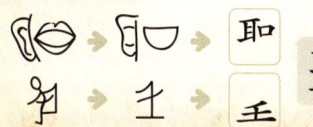

귀(耳)를 보이며(呈) 많이 들어 주는 분이니 '성인 성'
+ 耳(귀 이), 呈(드릴 정, 보일 정)

- 神聖(신성) : 신과 같이 거룩함. (神:귀신 신)
  – 우리에게는 이 땅의 모든 것이 神聖(신성)합니다.

- 聖人(성인) : 덕과 지혜가 뛰어나 만인의 스승이 된 사람. (人:사람 인)
  – 후손들은 옛 聖人(성인)들의 가르침을 본받아야 합니다.

實實實實實實實實實實實實實實					聖聖聖聖聖聖聖聖聖聖聖聖聖				
實	實				聖	聖			
열매 실	열매 실				성인 성	성인 성			

수행평가

🐦 다음 한자(漢字)의 훈(訓)과 음(音)을 찾아 그 번호를 쓰시오.

1. 君 (   )   ① 가난할 빈   ② 이를 도   ③ 임금 군   ④ 머리 두
2. 聖 (   )   ① 논의할 논   ② 의원 의   ③ 사랑 애   ④ 성인 성

🐦 다음의 훈(訓)과 음(音)에 맞는 한자(漢字)를 찾아 그 번호를 쓰시오.

3. 마루 종 (   )   ① 宗   ② 藥   ③ 通   ④ 族
4. 열매 실 (   )   ① 霜   ② 實   ③ 醫   ④ 屋

🐦 다음의 뜻에 맞는 한자어(漢字語)를 고르시오.

5. 실제로 행함   (   )   ① 家屋   ② 實行   ③ 德目   ④ 報恩
6. 임금과 신하   (   )   ① 君臣   ② 交友   ③ 合算   ④ 聖人
7. 덕과 지혜가 뛰어나 만인의 스승이 될 사람 (   )   ① 密買   ② 木草   ③ 聖人   ④ 長短

🐦 다음 글을 읽고 한자어(漢字語)의 독음(讀音)을 쓰시오.

8. 나라마다 각기 다른 宗敎 (   )를 가지고 있습니다.

🐦 다음 글을 읽고 물음에 답하시오.

9. 다음 중 '敎'와 음(音)이 같은 한자(漢字)를 고르시오.   (   )
   ① 選   ② 意   ③ 敬   ④ 交

10. 다음 □ 안에 공통으로 들어갈 수 있는 한자(漢字)를 고르시오.
    □書, □女, □堂   (   )
    ① 信   ② 展   ③ 洞   ④ 聖

 호랑이와 두운대사 1. 두운대사를 따르는 호랑이

 열 개

門부 4획 (총12획)

开 中 kāi

 문(門)의 빗장(一)을 풀고 두 손(廾)으로 여니 '열 개'
+ 門(문 문), 一('한 일'이나 여기서는 문의 빗장으로 봄), 廾(스물 입, 두 손으로 받들 공)

- 開校(개교) : 새로 학교를 세워 교육을 시작함. (校:학교 교)
  – 5월 1일은 우리 학교의 開校(개교)기념일입니다.

- 開花(개화) : 꽃이 핌. (花:꽃 화)
  – 진해에서는 매년 벚꽃의 開花(개화)시기에 맞춰 군항제가 열립니다.

 놓을 방

攵(攴)부 4획 (총8획)

放 中 fàng

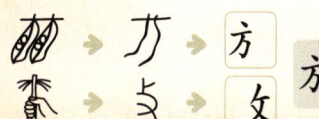 어떤 방향(方)으로 가도록 쳐(攵) 놓으니 '놓을 방'
+ 方(모 방, 방향 방, 방법 방), 攵(칠 복)

- 放學(방학) : 학기가 끝난 뒤 쉬는 일. (學:배울 학)
  – 이번 放學(방학)중에는 책을 많이 읽을 계획입니다.

- 開放(개방) : 자유로이 드나들도록 열어놓음. (開:열 개)
  – 농촌은 농산물 開放(개방)으로 많은 어려움을 겪고 있습니다.

開 開 開 開 開 開 門 門 門 開 開 開					放 放 放 放 放 放 放 放				
開	開					放	放			
열 개	열 개					놓을 방	놓을 방			

찾을 방

言부 4획 (총11획)

访　中 fǎng

좋은 말씀(言)을 듣기 위해 어느 방향(方)으로 찾아가니 '찾을 방'
+ 言(말씀 언), 方(모 방, 방향 방, 방법 방)

- **訪**問(방문) : 사람을 찾아가서 만나는 것. (問:물을 문)
  - 혜은이는 양로원을 **訪**問(방문)해서 할머니들의 말벗이 되어 드립니다.
- 來**訪**(내방) : 남이 와서 찾아 봄. (來:올 래)
  - 우리 회사는 來**訪**(내방)객을 위한 안내소가 있습니다.

참여할 참, 석 삼

厶부 9획 (총11획)

参　中 cān, cēn, shēn

장식품(厸)을 사람(人)이 머리(彡)에 꽂고 행사에 참여하니 '참여할 참', 사람 인(人)에 사사 사(厶)와 삐침 별(丿)을 셋씩 썼으니 '석 삼'
+ 厶('사사 사, 나 사'나 여기서는 머리의 장식품으로 봄), 彡(터럭 삼)

- **參**見(참견) : 끼어 들어 아는체 하거나 간섭함. (見:볼 견)
  - 언니는 나의 일에 자꾸 **參**見(참견)을 합니다.
- **參**席(참석) : 모임 자리에 참여함. (席:자리 석)
  - 어머니께서 학부모 회의에 **參**席(참석)하셨습니다.

訪 訪 訪 訪 訪 訪 訪 訪 訪 訪					參 參 參 參 參 參 參 參 參 參				
訪	訪				參	參			
찾을 **방**	찾을 **방**				참여할 **참**	참여할 **참**			

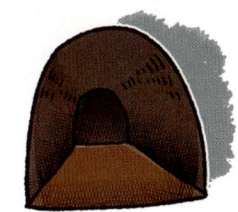

1. 두운대사를 따르는 호랑이

 **빌 공**

穴부 3획 (총8획)

空 中 kōng, kòng

굴(穴)처럼 속을 텅 비게 만드니(工) '빌 공'
+ 穴(구멍 혈), 工(장인 공, 만들 공, 연장 공)

- 空中(공중) : 하늘과 땅 사이의 빈 곳. (中:가운데 중)
  - 무지개는 空中(공중)에 떠 있는 물방울이 햇빛을 받아 생기는 것입니다.

- 空間(공간) : 비어 있는 곳. (間:사이 간)
  - 내 방은 나의 유일한 휴식 空間(공간)입니다.

 **생각할 상**

心부 9획 (총13획)

想 中 xiǎng

서로(相) 생각하는 마음(心)이니 '생각할 상'
+ 相(서로 상), 心(마음 심)

- 感想(감상) : 마음에 느끼어 생각함. (感:느낄 감)
  - 올 여름에는 보길도의 청정 바다를 感想(감상)할 수 있습니다.

- 空想(공상) : 이루어질 수 없는 헛된 생각. (空:헛될 공, 빌 공)
  - 내 동생은 空想(공상) 과학 영화를 좋아합니다.

空空空空空空空空					想想想想想想想想想想想想想				
空	空				想	想			
빌 공	빌 공				생각할 상	생각할 상			

수행평가

🐦 다음 한자(漢字)의 훈(訓)과 음(音)을 찾아 그 번호를 쓰시오.

1. 放 (   )   ① 매양 매   ② 놓을 방   ③ 반 반   ④ 착할 선
2. 參 (   )   ① 성낼 노   ② 말씀 담   ③ 고을 읍   ④ 참여할 참

🐦 다음의 훈(訓)과 음(音)에 맞는 한자(漢字)를 찾아 그 번호를 쓰시오.

3. 찾을 방 (   )   ① 競   ② 訪   ③ 路   ④ 在
4. 열 개   (   )   ① 開   ② 眼   ③ 量   ④ 雜

🐦 다음의 뜻에 맞는 한자어(漢字語)를 고르시오.

5. 자유로이 드나들도록 열어 놓음 (   )   ① 論理   ② 勞力   ③ 開放   ④ 現在
6. 모임 자리에 참여함 (   )   ① 氷山   ② 主食   ③ 登山   ④ 參席
7. 남을 찾아봄 (   )   ① 訪問   ② 加害   ③ 必讀   ④ 文章

🐦 다음 글을 읽고 한자어(漢字語)의 독음(讀音)을 쓰시오.

8. 세운이는 요즈음 空想 (   )과학 만화를 읽고 있습니다.

🐦 다음 글을 읽고 물음에 답하시오.

9. 다음 중 '想'과 음(音)이 같은 한자(漢字)를 고르시오.   (   )
   ① 問   ② 住   ③ 商   ④ 等

10. 다음 □ 안에 공통으로 들어갈 수 있는 한자(漢字)를 고르시오.

    開□, □問, □學   (   )

    ① 危   ② 打   ③ 放   ④ 到

 1. 두운대사를 따르는 호랑이

 꾸짖을 **책**

貝부 4획 (총11획)

責 🀄 zé

주인(主)이 꾸어간 돈(貝)을 갚으라고 꾸짖고 책임을 물으니 '꾸짖을 책'
+ 主(주인 주), 貝(조개 패, 재물 패)

- 責任(책임) : 맡겨진 의무나 임무. (任:맡길 임)
  – 나는 맡은 바 **責任(책임)**을 다하도록 최선을 다했습니다.

- 責望(책망) : 잘못을 꾸짖고 나무람. (望:바랄 망)
  – 어른께 **責望(책망)** 듣는 일은 하지 말아야 합니다.

 기름 **유**

氵(水)부 5획 (총8획)

油 🀄 yóu

물(氵)로 말미암아(由) 분리되는 것이니 '기름 유'
+ 氵= 水(물 수), 由(말미암을 유, 까닭 유)

- 油田(유전) : 석유가 나는 곳. (田:밭 전)
  – 테러범들이 **油田(유전)**에 불을 지르고 있습니다.

- 注油(주유) : 기름을 치거나 넣음. (注:물댈 주)
  – **注油(주유)**중에는 반드시 자동차의 시동을 꺼야 합니다.

責責責責責責責責責責責					油油油油油油油油				
責	責				油	油			
꾸짖을 **책**	꾸짖을 **책**				기름 **유**	기름 **유**			

수행평가

다음 한자(漢字)의 훈(訓)과 음(音)을 찾아 그 번호를 쓰시오.

1. 責 (   )   ① 꾸짖을 책   ② 물을 문   ③ 다닐 행   ④ 바랄 망
2. 油 (   )   ① 가르칠 교   ② 바탕 소   ③ 기름 유   ④ 매양 매

다음의 훈(訓)과 음(音)에 맞는 한자(漢字)를 찾아 그 번호를 쓰시오.

3. 꾸짖을 책 (   )   ① 低   ② 急   ③ 接   ④ 責
4. 기름 유 (   )   ① 赤   ② 油   ③ 寒   ④ 指

다음의 뜻에 맞는 한자어(漢字語)를 고르시오.

5. 잘못을 꾸짖고 나무람 (   )   ① 責望   ② 注油   ③ 雲海   ④ 往來
6. 기름을 치거나 넣음 (   )   ① 喜悲   ② 貧富   ③ 孫子   ④ 注油
7. 석유가 나는 곳 (   )   ① 石油   ② 油田   ③ 有水   ④ 草原

다음 글을 읽고 한자어(漢字語)의 독음(讀音)을 쓰시오.

8. 여러 종류의 종이 가운데 油紙 (   )는 물에 잘 젖지 않습니다.

다음 글을 읽고 물음에 답하시오.

9. 다음 중 '油'와 음(音)이 같은 한자(漢字)를 고르시오.   (   )
   ① 親   ② 要   ③ 位   ④ 由

10. 다음 □ 안에 공통으로 들어갈 수 있는 한자(漢字)를 고르시오.

    □望, 問□, □務   (   )
    ① 難   ② 官   ③ 責   ④ 他

단원평가

🐦 다음 한자(漢字)의 훈(訓)과 음(音)을 쓰시오.

1. ① 放 (   )   ② 訪 (   )

🐦 다음 한자어(漢字語)의 음(音)과 뜻을 찾아 줄로 이으시오.

2. 宗敎 •   • ① 개방 •   • ㉠ 자유로이 드나들도록 열어놓음

3. 開放 •   • ② 공상 •   • ㉡ 현실 가망없는 것을 상상하는 일

4. 空想 •   • ③ 종교 •   • ㉢ 초월적인 절대자를 믿고 숭배하는 일

🐦 다음 글을 읽고 물음에 답하시오.

5. 다음 한자(漢字)의 독음(讀音)이 서로 <u>다른</u> 것을 고르시오.   (   )
   ① 君 - 軍   ② 席 - 夕   ③ 責 - 賞   ④ 開 - 改

6. 뜻이 서로 상대되는 것끼리 짝지어진 한자어(漢字語)를 고르시오. (   )
   ① 訪問   ② 君臣   ③ 責望   ④ 實行

7. 뜻이 서로 비슷한 것끼리 짝지어진 한자어(漢字語)를 고르시오. (   )
   ① 參席   ② 敎人   ③ 希望   ④ 公開

8. 다음 중 '想'과 음(音)이 같은 한자(漢字)를 고르시오.   (   )
   ① 商   ② 幸   ③ 宗   ④ 參

🐦 다음의 어원(語原)에 해당하는 한자(漢字)를 고르시오.

9. '굴처럼 속을 텅 비게 만듦'을 뜻함. (   )
   ① 油   ② 空   ③ 患   ④ 初

🐦 다음의 뜻에 맞는 사자성어의 한자(漢字)를 골라 그 번호를 쓰시오.

10. 책을 펴서 읽으면 반드시 이로움이 있음.   ○卷有益 (   )
    ① 宅   ② 色   ③ 放   ④ 開

한자 퍼즐 놀이

아래의 설명을 읽고 해당하는 한자(漢字)를 빈 칸에 써서 퍼즐을 완성해 봅시다.

보기

開, 參, 君, 放, 空, 想, 實

① 문을 열어놓음, 고궁 □□시간.
② 임금과 신하.
④ 어떤 자리나 모임에 참여함.
⑤ 실행할 수 없는 헛된 생각.
⑦ 실제로 나타내거나 이루어 냄.

① 학교에서 일정기간 수업을 쉬는것, 여름 □□.
② 학문과 덕이 높고 행실이 바르며 품위를 갖춘 사람.
③ 함께 참여하거나 참가함.
⑤ 지구 대기를 이루고 있는 무색·투명한 기체.
⑥ 마음에 느끼어 일어나는 생각, 독서 □□문.

2. 소녀를 구한 호랑이

QR을 찍으면 구연동화로 재생 됩니다.

- '소녀를 구한 호랑이'와 관련한 한자를 공부해 봅시다.
- 두운대사가 소녀를 구할 수 있었던 까닭을 말해 봅시다.

봄 꽃 香氣(향기)가 흘러 넘치는 어느 날이었습니다.
향기 : 향기로운 냄새

찾아 온 호랑이가 두운대사의 옷자락을 물고 당기는 것이었습니다. 호랑이의 표정이 예사롭지 않다고 생각한 스님은 얼른 따라 나섰습니다. **부지런히[勤(근)]** 달리는 호랑이를 따라 도착한 곳은 나지막한 城(성) 안이었습니다.

그 곳에 어린 소녀가 정신을 잃고 누워 있는 것입니다. 두운대사는 소녀를 동굴로 업고 와서 여러 가지 약풀을 달여 먹이며 평소 치료 方式(방식)대로 정성껏 돌보았습니다.
방식 : 알맞게 다루는 방법이나 형식

소녀는 서라벌 유호장의 무남독녀였습니다. 그런데 도둑들이 부잣집 소녀를 납치하여 자루에 담아 소백산까지 온 것입니다. 도둑들에게 잡혀 온 소녀는 얼마나 **멀리[遠(원)]** 왔는지, 자신이 어떻게 될지 몰라 떨고 있었습니다.

바로 그 때 '어흥'하는 소리와 함께 집채만한 호랑이가 나타났습니다. 느닷없이 나타난 호랑이를 **막을[防(방)]** 방도가 없는 도둑들은 허겁지겁 도망을 가고, 소녀는 무서움에 **感電**(감전)된 것처럼 온몸을 바르르 떨더니 정신을 잃고 만 것입니다.

감전 : 전기가 흐르는 물체에 몸이 닿아 충격을 받는 것

"음 저런! 아무튼 크나큰 **變故**(변고)를 당할 뻔 했소! 이렇게 살아 난 것이 참으로 다행이오."

변고 : 갑작스럽게 일어난 좋지 않은 일

두운대사는 겁에 질린 소녀를 위로하고 오랜만에 호랑이를 칭찬하였습니다.

두운대사는 서라벌에 있는 소녀의 **自宅**(자택)으로 갔습니다. 죽었다고 생각했던 딸이 돌아오자 소녀의 부모는 뛸 듯이 기뻐하였습니다. 딸의 목숨을 구해 준 은혜에 감사하며 많은 **화폐[貨(화)]**를 내어 놓았으나 대사는 사양하였습니다.

자택 : 자기 자신의 집

이에 유호장은 부처님의 **聖典**(성전)인 불경을 깨우쳐 비석을 세우고 대사와 호랑에게 감사하는 **詩**(시)를 새겼습니다. 그리고 소백산 중턱에 아담한 암자를 지었습니다.

성전 : 종교상 교의나 신앙의 근본이 되는 법전

香	勤	城	式	遠	防
향기 향	부지런할 근	성 성	법 식	멀 원	막을 방
電	變	宅	貨	典	詩
전기 전	변할 변	집 택	화폐 화	법 전	시 시

| 氣 | 方 | 感 | 故 | 自 | 聖 |
| 기운 기 | 모, 방위 방 | 감동할 감 | 옛, 연고 고 | 스스로 자 | 성인 성 |

2. 소녀를 구한 호랑이

 **향기 향**

향부 0획 (총9획)

香 中 xiāng

벼(禾)가 햇(日)빛에 익어 향기로우니 '향기 향'
+ 禾(벼 화), 日(해 일, 날 일)

- 香氣(향기) : 향기로운 냄새. (氣:기운 기)
  - 이 꽃은 香氣(향기)가 아주 좋습니다.
- 香水(향수) : 향기로운 냄새가 나는 액체 화장품. (水:물 수)
  - 어머니는 香水(향수)를 선물로 받으셨습니다.

 **부지런할 근**

力부 11획 (총13획)

勤 中 qín

진흙(堇) 속에서도 힘써(力) 일하니 '부지런할 근'
+ 堇(진흙 근), 力(힘 력)

- 出勤(출근) : 직장에 일하러 나가는 것. (出:날 출)
  - 아버지께서는 매일 아침 일찍 出勤(출근)하십니다.
- 退勤(퇴근) : 직장에서 근무시간을 마치고 나옴. (退:물러날 퇴)
  - 아버지께서 退勤(퇴근)길에 장난감을 사오셨습니다.

香香香香香香香香香				勤勤勤勤勤勤勤勤勤勤勤勤勤					
香	香			勤	勤				
향기 향	향기 향			부지런할 근	부지런할 근				

호랑이와 두운대사 2. 소녀를 구한 호랑이

城 성 성

土부 7획 (총10획)

城 中 chéng

흙(土)을 쌓아 이룬(成) 것이니 '성 성'
+ 土(흙 토), 成(이룰 성)

- **城門(성문)** : 성으로 드나들 수 있도록 만든 문. (門:문 문)
  - 권율장군은 임진왜란 때 城門(성문)을 굳게 잠그고 왜적에 대항하였습니다.

- **山城(산성)** : 산 위에 쌓은 성. (山:산 산)
  - 성우는 가족과 함께 남한山城(산성)으로 등산을 갔습니다.

式 법 식

弋부 3획 (총6획)

式 中 shì

주살(弋)을 만들 때 장인(工)도 법과 의식에 따르니 '법 식', '의식 식'
+ 弋(주살 익), 工(장인 공, 만들 공, 연장 공)

- **方式(방식)** : 알맞게 다루는 방법이나 형식. (方:방법 방, 모 방)
  - 세계 여러나라는 기후에 따라 집을 짓는 方式(방식)이 다릅니다.

- **禮式場(예식장)** : 결혼의 예를 올리는 장소. (禮:예절 예, 場:마당 장)
  - 주말에 禮式場(예식장)은 많은 사람들로 붐빕니다.

城城城城城城城城城城					式式式式式式				
城	城				式	式			
성 성	성 성				법 식	법 식			

수행평가

🐤 다음 한자(漢字)의 훈(訓)과 음(音)을 찾아 그 번호를 쓰시오.

1. 香 (   )   ① 견줄 비   ② 향기 향   ③ 장사 상   ④ 옛 고
2. 城 (   )   ① 성 성   ② 뽑을 선   ③ 재주 재   ④ 마칠 종

🐤 다음의 훈(訓)과 음(音)에 맞는 한자(漢字)를 찾아 그 번호를 쓰시오.

3. 부지런할 근 (   )   ① 午   ② 場   ③ 陽   ④ 勤
4. 법 식   (   )   ① 式   ② 基   ③ 悲   ④ 漁

🐤 다음의 뜻에 맞는 한자어(漢字語)를 고르시오.

5. 좋은 느낌을 주는 냄새 (   )   ① 自己 ② 香氣 ③ 使節 ④ 昨年
6. 일정한 방법이나 형식 (   )   ① 美人 ② 正直 ③ 方式 ④ 案內
7. 튼튼한 성 (   )   ① 固城 ② 結婚 ③ 希望 ④ 故鄕

🐤 다음 글을 읽고 한자어(漢字語)의 독음(讀音)을 쓰시오.

8. 누구든지 勤勉(   )한 사람은 원하는 일을 이룰 수 있습니다.

🐤 다음 글을 읽고 물음에 답하시오.

9. 다음 중 '勤'과 음(音)이 같은 한자(漢字)를 고르시오.   (   )
   ① 京   ② 恩   ③ 料   ④ 近

10. 다음 □ 안에 공통으로 들어갈 수 있는 한자(漢字)를 고르시오.
    法□, 公□, 方□   (   )
    ① 序   ② 常   ③ 式   ④ 浴

 2. 소녀를 구한 호랑이

遠 멀 원

辶(辶)부 10획 (총14획)

远　中 yuǎn　반의어 近(가까울 근)

옷 챙겨(袁) 가야(辶)할 만큼 머니 '멀 원'
+ 袁(옷 챙길 원), 辶(갈 착, 뛸 착)

- 遠大(원대) : 계획이나 희망같은 것의 규모가 큼. (大:큰 대)
  – 형은 遠大(원대)한 꿈을 가지고 미국 유학길에 올랐습니다.

- 遠景(원경) : 멀리 보이는 경치. (景:경치 경)
  – 흰 눈이 덮인 마을의 遠景(원경)이 한 폭의 그림 같습니다.

防 막을 방

阝부 4획 (총7획)

防　中 fáng

언덕(阝)처럼 사방(方)에 쌓은 것이니 '둑 방',
또 둑을 쌓아 막으니 '막을 방'
+ 阝=阜(언덕 부), 方(모 방, 방향 방, 방법 방)

- 防水(방수) : 물이 스며들거나 새는 것을 막는 것. (水:물 수)
  – 우리 집 지붕이 새서 防水(방수)시설을 하였습니다.

- 防空(방공) : 적의 항공기나 미사일을 막음. (空:하늘 공, 빌 공)
  – 전투 조종사들은 수시로 防空(방공) 훈련을 합니다.

遠遠遠遠遠遠遠遠遠遠遠遠遠遠	防防防防防防防
遠 遠	防 防
멀 원　멀 원	막을 방　막을 방

전기 전

雨부 5획 (총13획)

电　中 diàn

비(雨)올 때 번쩍 빛을 펴는(申) 것이니 '번개 전',
또 번개처럼 빛을 내는 것이니 '전기 전'
+ 雨(비 우), 申(펼 신)

- 電話(전화) : 전화기로 서로 이야기함. (話:말할 화)
  - 경수에게서 電話(전화)가 왔습니다.

- 感電(감전) : 전기가 흐르는 물체에 몸이 닿아 충격을 받는 것. (感:감동할 감)
  - 물이 묻은 손으로 전기 기구를 만지면 感電(감전)의 위험이 있습니다.

변할 변

言부 16획 (총23획)

变　中 biàn

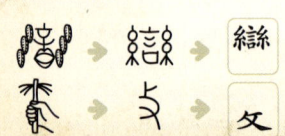

실(絲)처럼 길게 말하고(言) 치면(攵) 변하니 '변할 변'
+ 絲(실 사), 言(말씀 언), 攵(칠 복)

- 變心(변심) : 마음이 변함. (心:마음 심)
  - 현수는 친한 친구의 變心(변심)에 마음이 몹시 상했습니다.

- 變故(변고) : 갑작스런 재앙이나 사고. (故:옛 고)
  - 잦은 變故(변고)로 마을 사람들은 희망을 잃었습니다.

電	電					
전기 **전**	전기 전					

變	變					
변할 **변**	변할 변					

2. 소녀를 구한 호랑이

집 택
宀부 3획 (총6획)
宅　中 zhái　동의어 家(집 가)

지붕(宀)아래 의탁하여(乇)하여 사는 곳이니 '집 택', '집 댁'
+ 宀(집 면), 乇(부탁할 탁, 의탁할 탁)

- 住宅街(주택가) : 주택들이 모여 있는 지역. (住:살 주, 街:거리 가)
  - 우리집은 住宅街(주택가)에 위치하고 있습니다.

- 自宅(자택) : 자기 집. (自:스스로 자)
  - 할아버지는 요양원에서 自宅(자택)으로 옮겨 치료 중이십니다.

화폐 화
貝부 4획 (총11획)
貨　中 huò

변하여(化) 돈(貝)이 되는 것이니 '화폐 화', '재물 화'
+ 化(될 화, 변화할 화), 貝(조개 패, 재물 패)

- 貨物(화물) : 운반할 수 있는 물품. (物:만물 물)
  - 지영이네 아버지는 貨物(화물)차를 운전하십니다.

- 金貨(금화) : 금으로 만든 주화. (金:쇠 금)
  - 욕심꾸러기 집에는 많은 金貨(금화)가 숨겨져 있었습니다.

宅宅宅宅宅宅			貨貨貨貨貨貨貨貨貨貨貨		
宅	宅		貨	貨	
집 택	집 택		화폐 화	화폐 화	

2. 소녀를 구한 호랑이　73

수행평가

다음 한자(漢字)의 훈(訓)과 음(音)을 찾아 그 번호를 쓰시오.

1. 電 (   ) ① 전기 전 ② 다행 행 ③ 길 로 ④ 누이 매
2. 防 (   ) ① 달릴 주 ② 얼굴 용 ③ 줄 선 ④ 막을 방

다음의 훈(訓)과 음(音)에 맞는 한자(漢字)를 찾아 그 번호를 쓰시오.

3. 멀 원 (   ) ① 接 ② 遠 ③ 消 ④ 婦
4. 변할 변 (   ) ① 賢 ② 取 ③ 變 ④ 題

다음의 뜻에 맞는 한자어(漢字語)를 고르시오.

5. 멀리 보이는 경치 (   ) ① 遠景 ② 絕景 ③ 個性 ④ 京城
6. 적의 항공기나 미사일을 막음 (   ) ① 意志 ② 防空 ③ 同窓 ④ 知識
7. 갑작스런 재앙이나 사고 (   ) ① 臣下 ② 先生 ③ 有志 ④ 變故

다음 글을 읽고 한자어(漢字語)의 독음(讀音)을 쓰시오.

8. 성규의 할아버지는 自宅 (   )에 예쁜 꽃밭을 만드셨습니다.

다음 글을 읽고 물음에 답하시오.

9. 다음 중 '貨'와 음(音)이 같은 한자(漢字)를 고르시오. (   )
   ① 要   ② 號   ③ 和   ④ 取

10. 다음 □ 안에 공통으로 들어갈 수 있는 한자(漢字)를 고르시오.
    □力, 感□, □動車   (   )
    ① 電   ② 禁   ③ 貴   ④ 深

2. 소녀를 구한 호랑이

법 전

八부 6획 (총8획)

典 ⓒ diǎn, diàn

 典

책(册)을 책상(丌)에 본보기로 꽂아 놓으니 '법 전', '본보기 전'
+ 册(책 책), 丌(대 기)

- 經典(경전) : 성현의 말이나 행실을 적은 책. (經:경서 경)
  – 성균관에는 經典(경전)이 많이 보관되어 있습니다.

- 聖典(성전) : 어떤 종교에서 교의(敎義)의 근본이 되는 책. (聖:성인 성)
  – 대표적인 聖典(성전)으로 기독교의 성경, 유교의 사서오경 등이 있습니다.

시 시

言부 6획 (총13획)

诗 ⓒ shī

말(言)이 절(寺)처럼 경건하니 '시 시', '글 시'
+ 言(말씀 언), 寺(절 사)

- 童詩(동시) : 어린이를 위한 시. (童:아이 동)
  – 지영이는 날마다 童詩(동시)를 읽습니다.

- 詩人(시인) : 시를 짓는 사람. (人:사람 인)
  – 시를 좋아하는 누나의 장래 꿈은 詩人(시인)이 되는 것입니다.

典	冂	冂	典	典	典	典	典
典	典						
법 전	법 전						

詩	詩	詩	詩	詩	詩	詩	詩	詩	詩	詩	詩	詩
詩	詩											
시 시	시 시											

수행평가

● 다음 한자(漢字)의 훈(訓)과 음(音)을 찾아 그 번호를 쓰시오.

1. 典 (   )   ① 감동할 감 ② 법 전   ③ 돌아올 회 ④ 갈 연
2. 詩 (   )   ① 좋을 호   ② 말씀 어 ③ 시 시   ④ 뿌리 근

● 다음의 훈(訓)과 음(音)에 맞는 한자(漢字)를 찾아 그 번호를 쓰시오.

3. 법 전 (   )   ① 典   ② 重   ③ 品   ④ 體
4. 시 시 (   )   ① 全   ② 尊   ③ 知   ④ 詩

● 다음의 뜻에 맞는 한자어(漢字語)를 고르시오.

5. 법을 기록한 책   (   )   ① 法典 ② 出國 ③ 公私 ④ 過去
6. 성현의 말이나 행실을 적은 책   (   )   ① 幸福 ② 恩惠 ③ 經典 ④ 運動
7. 시를 짓는 사람   (   )   ① 作人 ② 詩人 ③ 讀書 ④ 世習

● 다음 글을 읽고 한자어(漢字語)의 독음(讀音)을 쓰시오.

8. 불교의 聖典(   )을 불경이라고 합니다.

● 다음 글을 읽고 물음에 답하시오.

9. 다음 중 '典'과 음(音)이 같은 한자(漢字)를 고르시오.   (   )
   ① 展   ② 速   ③ 起   ④ 無

10. 다음 □ 안에 공통으로 들어갈 수 있는 한자(漢字)를 고르시오.

    □人, □句, □集   (   )

    ① 起   ② 方   ③ 溫   ④ 詩

단원평가

🐦 다음 한자(漢字)의 훈(訓)과 음(音)을 쓰시오.

1. ① 貨 (　　　　　)　　② 宅 (　　　　　)

🐦 다음 한자어(漢字語)의 음(音)과 뜻을 찾아 줄로 이으시오.

2. 變故　•　　　• ① 변고 •　　• ㉠ 전기가 통하는 물체에 몸이 닿아 충격을 받음

3. 感電　•　　　• ② 방식 •　　• ㉡ 일정한 방법이나 형식

4. 方式　•　　　• ③ 감전 •　　• ㉢ 갑작스런 재앙이나 사고

🐦 다음 글을 읽고 물음에 답하시오.

5. 다음 한자(漢字)의 독음(讀音)이 서로 <u>다른</u> 것을 고르시오. (　　)
   ① 貨 - 花　② 故 - 公　③ 式 - 食　④ 防 - 訪

6. 뜻이 서로 상대되는 것끼리 짝지어진 한자어(漢字語)를 고르시오. (　　)
   ① 香氣　② 詩律　③ 自他　④ 自宅

7. 뜻이 서로 비슷한 것끼리 짝지어진 한자어(漢字語)를 고르시오. (　　)
   ① 勤勉　② 古宅　③ 電氣　④ 家宅

8. 다음 중 '貨'와 음(音)이 같은 한자(漢字)를 고르시오. (　　)
   ① 化　② 然　③ 發　④ 屋

🐦 다음의 어원(語原)에 해당하는 한자(漢字)를 고르시오.

9. '말로 타이르고 회초리로 쳐서 가르치면 마음이 변함'. (　　)
   ① 遠　② 感　③ 變　④ 勤

🐦 <보기>에서 한자(漢字)를 찾아 끝말잇기를 해 보시오.

보기　典　地　情

10. 自宅 - 宅(　　　) - (　　　)表 - 表(　　　)

끝말 잇기

배운 한자(韓字)를 이용하여 한자어(韓字語)를 만들어 끝말잇기를 하고 만들어진 한자어의 음(音)을 써 봅시다.

自宅 — 宅地 — 地主
자택

變故 — 故國 — 國軍
변고

感電 — 電氣 — 氣溫
감전

遠近 — 近方 — 方位
원근

6-2 단계

인종의 효성

1. 깊고 깊은 인종의 마음   80
2. 백돌아, 백돌아!   94
3. 생명의 다리   108

신사임당의 효성

1. 부모님의 가르침   122
2. 부인들의 깨달음   136

1 깊고 깊은 인종의 마음

- 염원, 정치, 수수 등의 한자어 및 이야기 관련 한자를 공부해 봅시다.
- 인종의 효성에 대하여 이야기하여 봅시다.

QR을 찍으면 구연동화로 재생 됩니다.

우리의 역사에서 오백년 세월을 지켜 온 조선은 훌륭한 임금님이 많았습니다.

조선의 임금 중 仁宗(인종)은 어려서부터 성품도 매우 어질고 효성도 지극하였습니다.
인종 : 조선 제12대 왕

인종 임금님의 어머니인 장경왕후는 세자를 낳은 지 칠일만에 세상을 떠났습니다. 그리하여 세자 인종은 계모 문정왕후의 슬하에서 자라났습니다. 인종은 비록 자신을 낳은 어머니는 아니지만 문정왕후의 뜻을 거스르지 않으려고 노력하며 잘 따랐습니다.

문정왕후는 個性(개성)이 강하고 利己的(이기적)인 성격이었습니다.

이기적 : 자기의 이익만 생각하는 것
개성 : 사람마다 지니고 있는 남과 다른 특성

原則(원칙)대로라면 세자인 인종이 임금의 자리에 오르는 것이 당연하지만,

원칙 : 일관되게 지켜야 할 법칙

자신이 낳은 아들을 임금으로 올리려는 念願(염원)으로 온갖 노력을 다하였습니다.

염원 : 늘 생각하고 간절히 바람

여자의 몸이지만 政治(정치)에도 관심이 많았습니다. 자신의 주변에

정치 : 영토와 국민을 다스리는 일

늘 勢力(세력)을 모으고, 밤낮으로 영험*하다는 神(신)을 찾아 자신의 아들이 임금 자리에 오르기를 기도하였습니다.

세력 : 남을 복종시키는 힘

인종은 문정왕후의 마음을 누구보다도 잘 알았습니다. 모든 것을 떠나서 자신의 자리를 아우에게 授受(수수)할 수 있다면 조용히 물려주고 싶었습니다. 그

수수 : 주고 받음

리하여 왕실이 평안해진다면 더 이상 바랄것이 없다고 생각하였습니다. 그러나 인종은 자신의 깊은 뜻을 누구에게도 말할 수가 없었습니다.

★ **영험** : 사람의 기원대로 되는 신령한 증험(證驗)

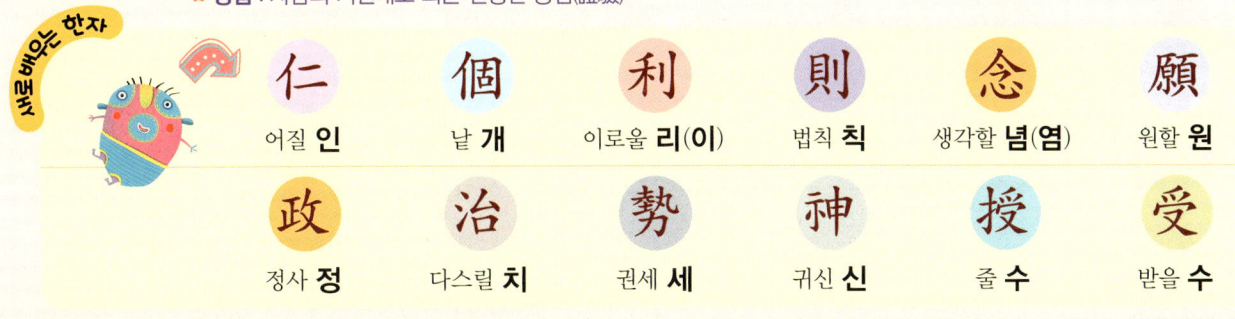

仁	個	利	則	念	願
어질 **인**	낱 **개**	이로울 **리(이)**	법칙 **칙**	생각할 **념(염)**	원할 **원**
政	治	勢	神	授	受
정사 **정**	다스릴 **치**	권세 **세**	귀신 **신**	줄 **수**	받을 **수**

이미 배운 한자

宗	性	己	的	原	力
마루 **종**	성품 **성**	몸 **기**	과녁 **적**	근원 **원**	힘 **력**

1. 깊고 깊은 인종의 마음 81

 **어질 인**
亻(人)부 2획 (총4획)
仁 中 rén

사람(亻)은 둘(二)만 모여도 어질어야 하니 '어질 인'
+ 亻=人(사람 인), 二(두 이)

- 殺身成仁(살신성인) : 옳은 일을 위해 자기 몸을 희생하는 것. (殺:죽일 살)
  – 그 분의 殺身成仁(살신성인) 정신을 본받아야 합니다.

- 仁川(인천) : 경기도 인근의 항구 도시. (川:내 천)
  – 仁川(인천) 문학 경기장은 빗물을 받아 두었다가 청소물로 활용합니다.

 **낱 개**
亻(人)부 8획 (총10획)
个 中 gè, ge

사람(亻) 성격이 굳어지면(固) 낱낱이 개인 행동을 하니 '낱 개'
+ 亻=人(사람 인), 固(굳을 고, 진실로 고)

- 個性(개성) : 사람마다 가지고 있는 남과 다른 특성. (性:성품 성)
  – 지운이는 個性(개성)이 매우 강한 아이입니다.

- 個人(개인) : 한 사람. (人:사람 인)
  – 야유회 때 도시락은 個人(개인)별로 지참하도록 하였습니다.

仁 仁 仁 仁				個 個 個 们 们 們 個 個 個						
仁	仁			個	個					
어질 인	어질 인			낱 개	낱 개					

利 이로울 리(이)

刂(刀)부 5획 (총7획)

利 中 lì

벼(禾)를 낫(刂)으로 베어 수확하니 '이로울 리'
+ 禾(벼 화), 刂(칼 도)

- **利用(이용)**: 필요에 맞게 이롭게 쓰는 것. (用:쓸 용)
  - 컴퓨터를 잘 **利用(이용)**하면 우리에게 많은 도움이 됩니다.

- **利己的(이기적)**: 자기의 이익만 생각하는 것. (己:몸 기, 的:과녁 적)
  - 그는 성격이 **利己的(이기적)**이고 다른 사람을 배려할 줄 모릅니다.

則 법칙 칙

刂(刀)부 7획 (총9획)

则 中 zé

재물(貝)을 칼(刂)로 나누는 데는 곧 법칙이 있어야 하니 '법칙 칙', '곧 즉'
+ 貝(조개 패, 재물 패), 刂=刀(칼 도)

- **反則(반칙)**: 규칙을 어기는 것. (反:되돌릴 반)
  - **反則(반칙)**을 하면서까지 경기에 이길 필요는 없다고 생각합니다.

- **原則(원칙)**: 일관되게 지켜야 할 법칙. (原:근원 원)
  - 마라톤 거리를 측정할 때는 강철로 된 줄자 사용이 **原則(원칙)**입니다.

利 利 利 利 利 利 利					則 則 則 則 則 則 則 則 則				
利	利				則	則			
이로울 리	이로울 리				법칙 칙	법칙 칙			

수행평가

🐦 다음 한자(漢字)의 훈(訓)과 음(音)을 찾아 그 번호를 쓰시오.

1. 個 (   )   ① 이로울 이 ② 법칙 칙   ③ 낱 개   ④ 어질 인
2. 則 (   )   ① 정할 정   ② 구름 운   ③ 어질 인   ④ 법칙 칙

🐦 다음의 훈(訓)과 음(音)에 맞는 한자(漢字)를 찾아 그 번호를 쓰시오.

3. 이로울 리 (   )   ① 曲   ② 貝   ③ 利   ④ 個
4. 어질 인 (   )   ① 仁   ② 利   ③ 則   ④ 民

🐦 다음의 뜻에 맞는 한자어(漢字語)를 고르시오.

5. 사람마다 가지고 있는 특성 (   )   ① 個人 ② 個性 ③ 個別 ④ 別個
6. 필요에 맞게 이롭게 쓰는 것 (   )   ① 便利 ② 利己 ③ 利子 ④ 利用
7. 근본이 되는 법칙 (   )   ① 原則 ② 反則 ③ 原初 ④ 原主

🐦 다음 글을 읽고 한자어(漢字語)의 독음(讀音)을 쓰시오.

8. 운동 경기를 할 때에는 反則 (   )을 하지 않아야 합니다.

🐦 다음 글을 읽고 물음에 답하시오.

9. 다음 중 '仁'과 찾는 부수(部首)가 같은 것을 고르시오.   (   )
    ① 利   ② 則   ③ 個   ④ 定

10. 다음 중 '個'와 어울리는 한자(漢字)를 고르시오.   (   )
    ① 友   ② 人   ③ 會   ④ 學

인종의 효성 | 1. 깊고 깊은 인종의 마음

생각 녕(염)

心부 4획 (총8획)

念 ⓒ niàn

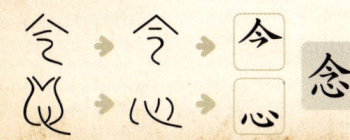

지금(今) 마음(心)에 있으니 '생각 념'
+ 今(이제 금, 오늘 금), 心(마음 심)

- 信**念**(신념) : 굳게 믿는 마음. (信:믿을 신)
  - 유관순의 信**念**(신념)은 누구도 꺾을 수 없었습니다.

- **念**願(염원) : 늘 생각하고 간절히 바람. (願:원할 원)
  - 통일의 간절한 **念**願(염원)이 하루빨리 이루어졌으면 좋겠습니다.

원할 원

頁부 10획 (총19획)

愿 ⓒ yuàn

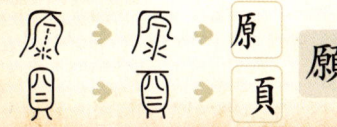

근원(原)이 잘 되기를 머리(頁) 속으로 바라니 '바랄 원'
+ 原(근원 원), 頁(머리 혈)

- 所**願**(소원) : 원하는 바. (所:바 소)
  - 우리 민족의 所**願**(소원)은 남북통일입니다.

- 志**願**(지원) : 뜻이 있어 지망함. (志:뜻 지)
  - 대기업의 신입사원 모집에 많은 志**願**(지원)자가 몰렸습니다.

念念念念念念念念					願願願願願願願願願願願願願願願願願願願				
念	念				願	願			
생각 **녕**	생각 녕				원할 **원**	원할 원			

1. 깊고 깊은 인종의 마음

 **정사 정**

攴(攵)부 5획 (총9획)

政 中 zhèng

바르도록(正) 치면서(攵) 다스리니 '다스릴 정'
+ 正(바를 정), 攵(칠 복)

- 國政(국정) : 나라를 다스리는 일. (國:나라 국)
  - 대통령은 國政(국정) 운영에만 전념하고 있습니다.
- 政界(정계) : 정치를 하는 사람들의 세계. (界:경계 계)
  - 원로 정치인이 政界(정계) 은퇴를 선언하였습니다.

 **다스릴 치**

氵(水)부 5획 (총8획)

治 中 zhì

물(氵)을 기쁘게(台) 사용하도록 잘 다스리니 '다스릴 치'
+ 氵=水(물 수), 台(기쁠 태)

- 政治(정치) : 영토와 국민을 다스리는 일. (政:정사 정)
  - 형은 대학에서 政治(정치) 외교학을 전공하고 있습니다.
- 治安(치안) : 국가나 사회의 안녕 질서를 유지함. (安:편안 안)
  - 경찰은 治安(치안) 유지에 온갖 힘을 쏟고 있습니다.

政政政政政政政政政					治治治治治治治治				
政	政				治	治			
정사 정	정사 정				다스릴 치	다스릴 치			

인종의 효성  1. 깊고 깊은 인종의 마음

勢 권세 세

力부 11획 (총13획)

势 中 shì

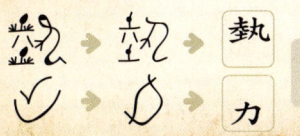 勢 심어(埶) 놓은 초목이 힘(力)차게 자라나는 기세니 '권세 세'
+ 埶(심을 예), 力(힘 력)

- **勢**力(세력) : 남을 복종시키는 힘. (力:힘 력)
  – 명나라는 **勢**力(세력)이 약해지고 청나라 세력이 강해졌습니다.

- 氣**勢**(기세) : 남에게 영향을 줄 만한 기운이나 태도. (氣:기운 기)
  – 무서운 氣**勢**(기세)에 아이들은 얼어붙은 듯 서 있었습니다.

神 귀신 신

示부 5획 (총10획)

神 中 shén

 神 신(示)이 모습을 펴(申) 드러나니 '귀신 신'
+ 示(보일 시, 신 시), 申(펼 신)

- **神**話(신화) : 역사가 있기 이전의 전설. (話:말할 화)
  – 동생은 '그리스 **神**話(신화)'를 즐겨 읽습니다.

- **神**童(신동) : 재주와 지혜가 특출한 어린 아이. (童:아이 동)
  – 은호는 **神**童(신동)이라 불릴만큼 영특합니다.

勢 勢 勢 勢 勢 勢 勢 勢 勢 勢 勢 勢 勢						神 神 神 神 神 神 神 神 神 神				
勢	勢					神	神			
권세 세	권세 세					귀신 신	귀신 신			

- 다음 한자(漢字)의 훈(訓)과 음(音)을 찾아 그 번호를 쓰시오.

  1. 願 (   ) ① 원할 원 ② 법칙 칙 ③ 권세 세 ④ 귀신 신

  2. 治 (   ) ① 다스릴 정 ② 어질 인 ③ 다스릴 치 ④ 생각할 염

- 다음의 훈(訓)과 음(音)에 맞는 한자(漢字)를 찾아 그 번호를 쓰시오.

  3. 권세 세 (   ) ① 世 ② 勢 ③ 政 ④ 治

  4. 귀신 신 (   ) ① 身 ② 信 ③ 則 ④ 神

- 다음의 뜻에 맞는 한자어(漢字語)를 고르시오.

  5. 영토와 국민을 다스림 (   ) ① 勢力 ② 政治 ③ 原則 ④ 個性

  6. 늘 생각하고 간절히 바람 (   ) ① 念願 ② 念死 ③ 信念 ④ 記念

  7. 남을 복종시키는 힘 (   ) ① 加勢 ② 情勢 ③ 勢家 ④ 勢力

- 다음 글을 읽고 한자어(漢字語)의 독음(讀音)을 쓰시오.

  8. 우리나라의 건국 神話 (   )에 나오는 분은 단군입니다.

- 다음 글을 읽고 물음에 답하시오.

  9. 다음 중 '政'과 음(音)이 같은 한자(漢字)를 고르시오. (   )
     ① 心 ② 正 ③ 治 ④ 事

  10. 다음 □ 안에 공통으로 들어갈 수 있는 한자(漢字)를 고르시오.
      所□, 志□, □書 (   )
      ① 政 ② 治 ③ 願 ④ 神

 줄 수
扌(手)부 8획 (총11획)
授 中 shòu

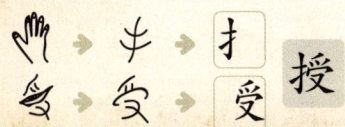 손(扌)으로 받도록(受) 주고 가르치니 '줄 수', '가르칠 수'
+ 扌=手(손 수), 受(받을 수)

- **授**業(수업) : 학업을 가르쳐 줌. (業:업 업)
  - **授**業(수업)이 끝나고 친구들과 운동장에서 공차기를 하였습니다.

- **授**受(수수) : 주고 받음. (受:받을 수)
  - 중요한 문서를 **授**受(수수)할 때는 반드시 장부에 기록해야 합니다.

 받을 수
又부 6획 (총8획)
受 中 shòu

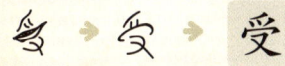 위 손(爫)으로 덮어(冖) 아래 손(又)으로 받는 모습에서 '받을 수'
+ 爫('손톱 조'나 여기서는 손으로 봄),
  冖(덮을 멱), 又(오른손 우, 또 우)

- **受**賞(수상) : 상을 받음. (賞:상줄 상)
  - 영호는 이번 교내 글짓기 대회에서 최고상을 **受**賞(수상)하였습니다.

- **受**信(수신) : 소식을 받음. (信:소식 신, 믿을 신)
  - 우리 집에 사람이 없어서 우편물을 **受**信(수신)하지 못했습니다.

授授授授授授授授授授授					受受受受受受受受				
授	授				受	受			
줄 수	줄 수				받을 수	받을 수			

수행평가

🐤 다음 한자(漢字)의 훈(訓)과 음(音)을 찾아 그 번호를 쓰시오.

1. 授 (   ) ① 줄 수   ② 권세 세   ③ 귀신 신   ④ 원할 원
2. 受 (   ) ① 생각할 염 ② 이로울 이 ③ 정사 정   ④ 받을 수

🐤 다음의 훈(訓)과 음(音)에 맞는 한자(漢字)를 찾아 그 번호를 쓰시오.

3. 받을 수 (   ) ① 授   ② 受   ③ 仁   ④ 利
4. 줄   수 (   ) ① 則   ② 利   ③ 授   ④ 首

🐤 다음의 뜻에 맞는 한자어(漢字語)를 고르시오.

5. 상을 받음   (   ) ① 受賞 ② 收賞 ③ 授賞 ④ 受信
6. 편지 등을 받음 (   ) ① 引受 ② 受人 ③ 受信 ④ 受臣
7. 주고 받음   (   ) ① 授業 ② 授受 ③ 受賞 ④ 引受

🐤 다음 글을 읽고 한자어(漢字語)의 독음(讀音)을 쓰시오.

8. 오늘은 受業(   ) 장면을 녹화하였습니다.

🐤 다음 글을 읽고 물음에 답하시오.

9. 다음 중 '受'와 음(音)이 같은 한자(漢字)를 고르시오.   (   )
   ① 念   ② 首   ③ 神   ④ 治

10. 다음 □ 안에 공통으로 들어갈 수 있는 한자(漢字)를 고르시오.
    □賞, □信, 授□   (   )
    ① 受   ② 治   ③ 仁   ④ 勢

다음 한자(漢字)의 훈(訓)과 음(音)을 쓰시오.

1. ① 利 (　　　　　)　　② 念 (　　　　　)

다음의 〈보기〉와 같이 뜻에 맞는 한자어(漢字語)를 쓰고 그 음(音)을 쓰시오.

보기 나라가 망함 – (亡 國) – (망국)

2. 영토와 국민을 다스리는 일 – 政 ◯ – (　　　　　)

3. 역사가 있기 이전의 전설 – ◯ 話 – (　　　　　)

4. 재주와 지혜가 뛰어난 아이 – ◯ 童 – (　　　　　)

다음 글을 읽고 물음에 답하시오.

5. 다음 한자(漢字)의 독음(讀音)이 서로 다른 것을 고르시오. (　　)
① 利 – 里　　② 政 – 正　　③ 神 – 個　　④ 授 – 受

6. 뜻이 서로 상대되는 것끼리 짝지어진 한자어(漢字語) 고르시오. (　　)
① 利子　　② 個人　　③ 授受　　④ 法則

7. 뜻이 비슷한 것끼리 짝지어진 한자어(漢字語)를 고르시오. (　　)
① 利用　　② 政治　　③ 執念　　④ 情神

8. 다음 중 '授'와 음(音)이 같은 한자(漢字)를 고르시오. (　　)
① 軍　　② 利　　③ 神　　④ 首

9. 다음 중 '願'의 부수(部首)를 고르시오. (　　)
① 刀　　② 宀　　③ 頁　　④ 又

다음의 어원(語原)에 해당하는 한자(漢字)를 고르시오.

10. '사람은 둘만 모여도 어질어야 함'을 나타냄. (　　)
① 利　　② 人　　③ 仁　　④ 政

조선시대의 왕

그동안 배운 한자(韓字)로 조선시대 왕을 알아봅시다. 아래 빈 칸에 업적이나 간단한 소개를 보고 해당하는 왕명(王名)을 보기에서 찾아 한자(韓字)로 써 봅시다.

보기: 正祖, 世祖, 世宗, 太宗, 仁宗

王名	간단한 소개
	조선 3대왕(태종), 이름은 방원, 육조직계제 당행으로 왕권과 중앙 집권제 강화, 정몽주와 주고받은 시조가 유명함.
	조선 4대왕(세종), 정치적으로 안정되어 나라의 기틀을 다짐. 또한 과학기술을 중시하여 각종 발명품을 제작. 훈민정음창제.
	조선 7대왕(세조), 단종을 폐하고 계유정난으로 정권을 잡아 왕위에 오름. 호패법 실시, 중앙집권제를 공고히 수립.
	조선 12대왕(인종), 중종의 맏아들로 성품이 조용하고 어버이에 대한 효심이 깊으며 형제간의 우애가 돈독했음.
	조선 22대왕(정조), 사도세자와 혜경궁 홍씨의 아들. 규장각을 설치하여 문화정치 표방, 중인문화의 장려, 문예부흥.

인종의 효성

 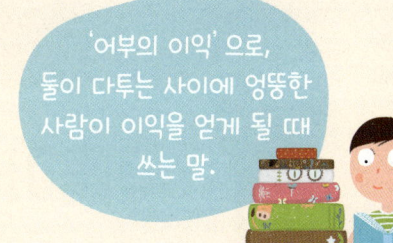

漁夫之利

물고기 **어**　남편 **부**　어조사 **지**　이로울 **리**

2 백돌아, 백돌아!

QR을 찍으면 구연동화로 재생 됩니다.

- '백돌아, 백돌아!' 이야기와 관련한 한자를 공부해 봅시다.
- 불길 속에서 나오지 않은 인종의 깊은 뜻을 알아봅시다.

세자 인종이 어른이 되어 결혼을 하고 동궁에서 지낼 때의 일입니다.

깊은 밤중에 동궁에 원인 모를 불이 났습니다. 잠을 자던 인종은 깜짝 놀랐습니다. 잠시 잃었던 정신을 차리고 주변을 살피며 생각하더니 **決心**(결심)을 하였습니다.

결심 : 어떻게 하기로 자신의 뜻을 확실히 정함

"**吉凶**(길흉) 화복은 하늘이 내리는 것이오.

길흉 : 운수의 좋음과 나쁨

나는 이 자리에서 죽을 터이니, 빈궁은 어서 몸을 피하시오. 내가 없으면 복잡한 문제가 모두 해결될 것이오."

인종은 자신의 **意思**(의사)를 밝히더니 그림[**圖**(도)]처럼 앉은 채

의사 : 어떤 일에 대한 자기의 생각

꼼짝도 하지 않았습니다. 아무리 나가자고 **請**(청)을 하여도 움직일 기미가 보이지 않자 빈궁 또한 결단을 내렸습니다.

"세자마마께서 피하시지 않으면 저 또한 함께 죽을 것입니다."

"빈궁은 피하시오. 지금은 깊은 밤중이니 내가 타 죽더라도 불미한 일은 없을 게요. 그리하여 왕실의 내분을 없앨 수 있

다면 **充分**(충분)하오. 이는 세자로서 마땅히 해야 할 일이 아니겠소?"
충분 : 모자람이 없이 넉넉함

점점 타오른 불은 이제 동궁 건물을 거의 에워싸고 있었습니다. 궁인들은 세자와 세자빈을 **救出**(구출)하려고 아우성을 치며 야단법석이었습니다.
구출 : 위험한 상태에 있는 사람을 구하는 것

이 소식을 들은 중종이 황급히 달려왔습니다. 궁인들은 임금님이 크게 **逆情**(역정)을 내실까하여 두려워하였습니다. 그러나 중종은 아무도 따라오지
역정 : 매우 못마땅하고 언짢아서 내는 성

못하게 하고는 **單獨**(단독)으로 동궁 가까이 가더니 애타는 마음으로 세자를
단독 : 혼자인 상태나 처지

불렀습니다.

"백돌아, 백돌아! 어서 나오너라. 백돌아!"

백돌이란 인종의 어렸을 때의 이름입니다. 옛날 **風俗**(풍속) 에 귀한 자식에게 천한 이름을 붙
풍속 : 옛날부터 그 사회에 전해 오는 생활 전반의 습관이나 버릇

이면 병마를 이기고 잘 자란다는 데서 유래한 것입니다. 하도 급한 바람에 세자의 체면을 생각할 겨를도 없이 어렸을 때의 이름을 부른 것입니다.

2. 백돌아, 백돌아!

결단할 결

氵(水)부 4획 (총7획)

決 中 jué

물(氵)이 한쪽으로 터지듯(夬) 무엇을 한쪽으로 정하고 끊으니 '결단할 결', '끊을 결'
+ 氵=水(물 수), 夬(터질 쾌)

- 決心(결심) : 마음을 정함. (心:마음 심)
  - 선생님의 말씀을 듣고 오늘부터 열심히 하기로 決心(결심)하였습니다.
- 決定(결정) : 결단하여 작정함. (定:정할 정)
  - 마을 사람들은 쉽게 決定(결정)을 내리지 못하였습니다.

길할 길

口부 3획 (총6획)

吉 中 jí 반의어 凶(흉할 흉)

선비(士)의 말(口)은 길하고 상서로우니 '길할 길'
+ 士(선비 사), 口(입 구)

- 吉日(길일) : 좋은 날. (日:날 일)
  - 우리 조상들은 吉日(길일)을 택하여 결혼식 날짜를 정하였습니다.
- 吉凶(길흉) : 길함과 흉함, 행복과 재앙. (凶:흉할 흉)
  - 우리는 설날에 윷을 던져 그 해의 吉凶(길흉)을 점치는 풍속이 있습니다.

인종의 효성 2. 백돌아, 백돌아!

흉할 흉

凵부 2획 (총5획)

凶 中 xiōng

움푹 패이고(凵) 갈라진(乂) 모습이니 '흉할 흉'
+ 凵(입 벌릴 감, 위가 터진 그릇 감), 乂(벨 예, 다스릴 예, 어질 예)

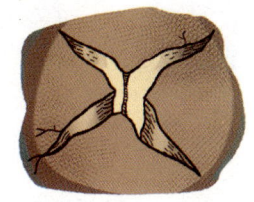

뜻 활용

- 凶年(흉년) : 농작물이 잘 되지 아니한 해. (年:해 년)
  - 가뭄이 심하여 凶年(흉년)이 들었습니다.

- 凶家(흉가) : 흉한 일을 당하는 불길한 집. (家:집 가)
  - 凶家(흉가)에는 귀신 소동이 그치지 않는다고 합니다.

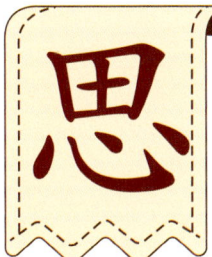

생각할 사

心부 5획 (총9획)

思 中 sī

나눠놓은 밭(田)처럼 요모조모 생각하는 마음(心)이니 '생각 사'
+ 田(밭 전), 心(마음 심)

뜻 활용

- 思考(사고) : 생각하고 궁리함. (考:생각할 고)
  - 독서는 思考(사고)하는 힘을 길러줍니다.

- 意思(의사) : 어떤 일에 대한 자기의 생각. (意:뜻 의)
  - 회의를 할 때에는 자신의 意思(의사)를 분명히 밝혀야 합니다.

凵凶凶凶					思思思思思思思思思			
凶	凶				思	思		
흉할 흉	흉할 흉				생각할 사	생각할 사		

2. 백돌아, 백돌아! 97

수행평가

다음 한자(漢字)의 훈(訓)과 음(音)을 찾아 그 번호를 쓰시오.

1. 決 (   )   ① 어질 인   ② 정할 결   ③ 권세 세   ④ 흉할 흉
2. 吉 (   )   ① 생각할 사 ② 정사 정   ③ 길할 길   ④ 정할 결

다음의 훈(訓)과 음(音)에 맞는 한자(漢字)를 찾아 그 번호를 쓰시오.

3. 생각할 사 (   )   ① 凶   ② 吉   ③ 決   ④ 思
4. 흉할 흉 (   )   ① 凶   ② 個   ③ 利   ④ 定

다음의 뜻에 맞는 한자어(漢字語)를 고르시오.

5. 마음을 정함 (   )   ① 決算   ② 決心   ③ 授賞   ④ 受信
6. 어떤 일에 대한 자기의 생각 (   )   ① 意考   ② 意想   ③ 意思   ④ 義思
7. 길함과 흉함, 행복과 재앙 (   )   ① 吉凶   ② 凶事   ③ 凶家   ④ 凶年

다음 글을 읽고 한자어(漢字語)의 독음(讀音)을 쓰시오.

8. 올해에는 가뭄이 심하여 凶年(   )이 들었습니다.

다음 글을 읽고 물음에 답하시오.

9. 다음 중 '決'과 찾는 부수(部首)가 같은 한자(漢字)를 고르시오. (   )
   ① 念   ② 治   ③ 凶   ④ 吉

10. 다음 중 '思'와 음(音)이 같은 한자(漢字)를 고르시오. (   )
    ① 士   ② 意   ③ 吉   ④ 決

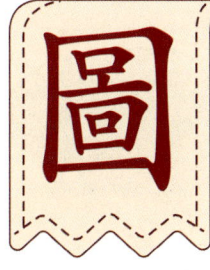 그림 **도**

口부 11획 (총14획)

图　中 tú

에워싸인(口) 어느 지역을 입(口)으로 우두머리(亠)가 명령하여 돌아(回)보면서 도면을 그리도록 꾀니 '그림 도', '꾀할 도'
+ 口(에울 위), 口(입 구), 亠(머리 부분 두), 回(돌 회)

- 圖面(도면) : 설계 내용을 그린 그림. (面:낯 면)
  - 건물을 지을 때는 설계 圖面(도면)을 보면서 공사를 합니다.

- 圖書(도서) : 글씨나 그림, 책. (書:글 서)
  - 우리나라에서 세계 圖書(도서) 전시회가 열렸습니다.

 청할 **청**

言부 8획 (총15획)

请　中 qǐng　동의어 願(원할 원)

말(言)로 푸르게(靑), 즉 희망 있게 청하니 '청할 청'
+ 言(말씀 언), 靑(푸를 청)

- 要請(요청) : 필요한 일을 해 달라고 부탁하는 것. (要:중요할 요)
  - 위급해진 아테네는 스파르타에 구원병을 要請(요청)하였습니다.

- 請婚(청혼) : 혼인하기를 청함. (婚:혼인할 혼)
  - 이모는 멋진 남자 친구로부터 請婚(청혼)을 받았습니다.

圖圖圖圖圖圖圖圖圖圖圖圖圖圖						請請請請請請請請請請請請請請請					
圖	圖					請	請				
그림 도	그림 도					청할 청	청할 청				

가득할 충

儿부 4획 (총6획)

充 中 chōng

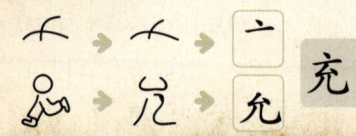

머리(亠)속에 사사로운(厶) 욕심만 가득 찬 사람(儿)이니
'가득할 충'
+ 亠(머리 부분 두), 厶(사사 사, 나 사), 儿(사람 인 발)

- 充分(충분) : 모자람이 없이 넉넉함. (分:나눌 분)
  - 식물은 햇빛을 充分(충분)히 받아야 잘 자랍니다.

- 充血(충혈) : 피의 양이 증가하여 붉게 됨. (血:피 혈)
  - 아버지의 눈이 붉게 充血(충혈)되어 있었습니다.

구원할 구

攵부 7획 (총11획)

救 中 jiù

나쁜 길에 빠진 사람을 쳐서라도 구하기(求) 위하여 치니(攵)
'구원할 구'
+ 求(구할 구), 攵(칠 복)

- 救出(구출) : 위험한 상태에 있는 사람을 구하는 것. (出:날 출)
  - 소방대원들이 화재 현장에서 어린아이를 救出(구출)하였습니다.

- 救命(구명) : 사람의 목숨을 구함. (命:목숨 명)
  - 배를 탈 때는 반드시 救命(구명)조끼를 착용해야 합니다.

充充充充充充					救救救救救救救救救救救										
充	充				救	救									
가득할 충	가득할 충				구원할 구	구원할 구									

인종의 효성 2. 백돌아, 백돌아!

逆 거스를 역

辵(辶)부 6획 (총10획)

逆 ㊥ nì

거꾸로(屰) 가니(辶) '거스를 역', '배반할 역'
+ 屰(사람이 거꾸로 선 모양에서 '거꾸로 설 역'),
  辶(뛸 착, 갈 착)

- 逆臣(역신) : 반역한 신하. (臣:신하 신)
  – 동서고금의 역사를 보면 충신만큼 많은 逆臣(역신)들이 존재합니다.

- 逆情(역정) : 못마땅하게 여겨 성을 냄. (情:뜻 정)
  – 지영이 아버지께서는 마구 逆情(역정)을 내셨습니다.

單 홑 단

口부 9획 (총12획)

单 ㊥ chán, dān, shàn

식구들의 입(口·口)을 먹여 살리기 위해 밭(田)에 많이(十) 나가 혼자 일하니 '홑 단'
+ 口(입 구), 田(밭 전), 十(열 십, 많을 십)

- 食單(식단) : 일정기간 먹을 음식의 종류, 순서를 짠 표. (食:밥 식)
  – 어머니께서 일주일 食單(식단)을 짜셨습니다.

- 名單(명단) : 관계되는 사람들의 이름을 적은 문서. (名:이름 명)
  – 형은 합격자 名單(명단)의 자기 이름을 보고 기뻐서 어쩔 줄 모릅니다.

逆 逆 逆 逆 逆 逆 逆 逆 逆 逆	單 單 單 單 單 單 單 單 單 單 單 單
逆	單
거스를 역	홑 단

수행평가

다음 한자(漢字)의 훈(訓)과 음(音)을 찾아 그 번호를 쓰시오.

1. 救 (   )   ① 홑 단   ② 그림 도   ③ 길할 길   ④ 구원할 구
2. 逆 (   )   ① 가득할 충   ② 거스를 역   ③ 청할 청   ④ 그림 도

다음의 훈(訓)과 음(音)에 맞는 한자(漢字)를 찾아 그 번호를 쓰시오.

3. 홑 단   (   )   ① 獨   ② 凶   ③ 單   ④ 圖
4. 청할 청 (   )   ① 請   ② 吉   ③ 思   ④ 單

다음의 뜻에 맞는 한자어(漢字語)를 고르시오.

5. 모자람이 없이 넉넉함   (   )   ① 充分   ② 充血   ③ 不忠   ④ 忠義
6. 설계 내용을 그린 그림   (   )   ① 圖形   ② 圖面   ③ 地圖   ④ 道人
7. 글씨나 그림책   (   )   ① 行道   ② 圖示   ③ 圖面   ④ 圖書

다음 글을 읽고 한자어(漢字語)의 독음(讀音)을 쓰시오.

8. 주장하는 글은 글쓴이의 意圖 (   )가 분명하게 나타납니다.

다음 글을 읽고 물음에 답하시오.

9. 다음 중 '吉'과 찾는 부수(部首)가 같은 한자(漢字)를 고르시오. (   )
   ① 單   ② 士   ③ 圖   ④ 充

10. 다음 중 '救'와 음(音)이 같은 한자(漢字)를 고르시오. (   )
    ① 圖   ② 請   ③ 句   ④ 單

인종의 효성 2. 백돌아, 백돌아!

홀로 독

犭(犬)부 13획 (총16획)

独 中 dú 동의어 單(홀 단)

 獨

개(犭)와 애벌레(蜀)는 어울릴 수 없으니 '홀로 독'
+ 犭=犬(개 견), 蜀(애벌레 촉)

- 獨立(독립) : 남에게 의지하지 않고 따로 섬. (立:설 립)
  - 유관순은 조국의 獨立(독립)을 위해 목숨을 바쳤습니다.

- 單獨(단독) : 혼자인 상태나 처지. (單:홀 단)
  - 이번 사건은 그의 單獨(단독) 범행으로 밝혀졌습니다.

풍속 속

亻(人)부 7획 (총9획)

俗 中 sú

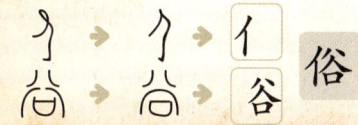 俗

사람(亻)이 골짜기(谷)에 살면 같은 풍속을 이루니 '풍속 속'
+ 亻=人(사람 인), 谷(골짜기 곡)

- 俗談(속담) : 옛부터 내려오는 민간의 격언. (談:말씀 담)
  - 俗談(속담)의 숨은 뜻에 대하여 배웠습니다.

- 風俗(풍속) : 한 사회에 오래 전부터 지켜 내려오는 관습. (風:바람 풍)
  - 이웃끼리 서로 돕는 것은 우리 민족의 아름다운 風俗(풍속)입니다.

獨獨獨獨獨獨獨獨獨獨獨獨	俗俗俗俗俗俗俗俗俗
獨 獨	俗 俗
홀로 독 홀로 독	풍속 속 풍속 속

2. 백돌아, 백돌아! 103

수행평가

- 다음 한자(漢字)의 훈(訓)과 음(音)을 찾아 그 번호를 쓰시오.

  1. 俗 (   )   ① 흉할 흉   ② 홀로 독   ③ 풍속 속   ④ 청할 청
  2. 獨 (   )   ① 홀로 독   ② 홑 단   ③ 가득할 충   ④ 풍속 속

- 다음의 훈(訓)과 음(音)에 맞는 한자(漢字)를 찾아 그 번호를 쓰시오.

  3. 홀로 독 (   )   ① 單   ② 圖   ③ 獨   ④ 吉
  4. 풍속 속 (   )   ① 充   ② 思   ③ 世   ④ 俗

- 다음의 뜻에 맞는 한자어(漢字語)를 고르시오.

  5. 남을 앞질러 홀로 달림 (   )   ① 獨善 ② 獨走 ③ 單獨 ④ 獨立
  6. 민간의 풍속 (   )   ① 俗談 ② 俗語 ③ 民俗 ④ 俗世

- 다음 글을 읽고 한자어(漢字語)의 독음(讀音)을 쓰시오.

  7. '낙숫물이 댓돌을 뚫는다.'는 俗談 (   )이 있습니다.
  8. 우리나라는 어른을 공경하는 아름다운 風俗 (   )이 있습니다.

- 다음 글을 읽고 물음에 답하시오.

  9. 다음 중 '獨'과 어울리는 한자(漢字)를 고르시오.   (   )
     ① 立   ② 利   ③ 決   ④ 充

  10. 다음 중 '俗'과 음(音)이 같은 한자(漢字)를 고르시오.   (   )
      ① 獨   ② 速   ③ 風   ④ 談

단원평가

🐦 다음 한자(漢字)의 훈(訓)과 음(音)을 쓰시오.

1. ① 思 (   )   ② 俗 (   )

🐦 다음의 〈보기〉와 같이 뜻에 맞는 한자어(漢字語)를 쓰고 그 음(音)을 쓰시오.

   보기   충성스러운 신하 – (忠) 臣 – (충신)

2. 남에게 의지하지 않고 따로 섬. – 獨 ◯ – (   )

3. 옛부터 내려오는 민간의 격언 – ◯ 談 – (   )

4. 위급한 처지에 있는 사람을 구함. – ◯ 出 – (   )

🐦 다음 글을 읽고 물음에 답하시오.

5. 다음 한자(漢字)의 독음(讀音)이 서로 다른 것을 고르시오. (   )
   ① 思 – 事   ② 圖 – 花   ③ 救 – 求   ④ 決 – 結

6. 뜻이 서로 상대되는 것끼리 짝지어진 한자어(漢字語)를 고르시오. (   )
   ① 吉凶   ② 決心   ③ 請願   ④ 救急

7. 뜻이 서로 비슷한 것끼리 짝지어진 한자어(漢字語)를 고르시오. (   )
   ① 私見   ② 民俗   ③ 單獨   ④ 逆行

8. 다음 중 '救'와 음(音)이 같은 한자(漢字)를 고르시오. (   )
   ① 淸   ② 獨   ③ 軍   ④ 句

9. 다음 중 '決'과 어울리는 한자(漢字)를 고르시오. (   )
   ① 吉   ② 心   ③ 凶   ④ 政

🐦 다음의 어원(語原)에 해당하는 한자(漢字)를 고르시오.

10. '머리 속에 사사로운 욕심만 가득 찬 사람'을 뜻함. (   )
    ① 先   ② 充   ③ 吉   ④ 俗

한자 단어 찾기

보기에 있는 단어들을 한자(韓字)로 생각하여 보고, 아래 표에서 찾아 묶어보세요.

보기: 독도, 의사, 결심, 충분, 구출, 길흉

救	決	心	意
出	充	風	思
圖	分	獨	島
單	吉	凶	流

三人成虎

석**삼**　사람**인**　이룰**성**　범**호**

'세 사람이면 호랑이도 만들어 냄'으로, 근거 없는 말도 여러 사람이 하면 믿게 된다는 말.

3 생명의 다리

- '생명의 다리' 이야기와 관련한 한자를 공부해 봅시다.
- 부왕의 뜻을 잘 따르는 인종 임금의 행동을 말해 봅시다.

QR을 찍으면 구연동화로 재생 됩니다.

이제 세자 부부는 죽음을 **對備**(대비)하고 앉아 있습니다. 그런데 어디선가
대비 : 어떤 일에 대응하여 미리 준비함
아버지가 세자를 애타게 부르는 소리가 들려왔습니다.

"백돌아, 백돌아! 어서 나오너라. 백돌아!"

反復(반복)하여 들려오는 아버지의 부름에 세자는 자신도 모르게 벌떡 일
반복 : 같은 일을 되풀이하는 것
어섰습니다. 무너지기 직전 **寸陰**(촌음)을 다
촌음 : 아주 짧은 시간
투던 불길 속을 헤치고 세자와 빈궁이

뛰어 나왔습니다.

두 사람은 마치 **言約**(언
언약 : 말로하는 약속
약)이라도 한 듯 부둥켜 안고

울었습니다. 지금까지 애를 태우

던 궁인들이 **萬歲**(만세)를 부르며
만세 : 어떤 일을 기뻐하는 뜻으로 두 손을 높이 들며 외치는 말
기뻐하였습니다. 드디어 세자의 귀한

生命(생명)을 구한 것입니다.
생명 : 사람이 살아서 숨 쉬고 활동할 수 있게 하는 힘
힘세고 날랜 **武士**(무사)와
무사 : 무술을 익혀 그 방면에서 일하던 사람
관리들이 다 나서도 꿈쩍도

하지 않던 세자였습니

다. 아들을 지극히 사랑하는 아버지와 아들의 부모에 대한 사랑과 효성이 **다리[橋(교)]**가 되어 세자를 구한 것입니다. 이후 동궁을 다시 아름답게 복원하고 세자는 한층 더 공부에 **精進(정진)**하고 마음을 반듯하게 **修養(수양)**하였습니다.

정진 : 정성을 다하여 노력함
수양 : 몸과 마음을 닦아 기름

중종이 돌아가시고 왕의 자리에 오른 인종이 중국의 사신을 맞이하였습니다. 궁궐 안을 안내하며 부왕이 거처하던 곳을 지나던 중 자신도 모르게 눈물을 흘리며 부왕을 그리워하였습니다.

이를 본 사신은

"전하는 참으로 하늘이 낸 큰 효자이옵니다."

하고 말하였습니다. 사신은 이러한 인종의 효성을 널리 **廣告(광고)**하여 사람들로 하여금 본받도록 하였습니다.

광고 : 세상에 널리 알림

새로 배우는 한자

備	復	陰	約	歲	命
갖출 비	회복할 복, 다시 부	그늘 음	맺을 약	해 세	목숨 명
武	橋	精	進	修	廣
호반 무	다리 교	찧을 정	나아갈 진	닦을 수	넓을 광

이미 배운 한자

對	反	寸	言	萬	生	士	養	告
대할 대	돌이킬 반	마디 촌	말씀 언	일만 만	살 생	선비 사	기를 양	고할 고

3. 생명의 다리

 갖출 비
亻(人)부 10획 (총12획)
备 中 bèi

짐승 기르는 사람(亻)은 풀(艹)을 굴 바위(厂) 위에 말려 나중에 쓸(用) 때를 대비하니 '갖출 비'
+ 艹 = 艸(풀 초), 厂(굴 바위 엄), 用(쓸 용)

- **對備(대비)** : 어떤 일에 대응하여 미리 준비함. (對:대할 대)
  - 홍수에 **對備(대비)**하여 단단한 둑을 쌓았습니다.

- **備品(비품)** : 갖추어 놓은 물품. (品:물건 품)
  - 창고에 많은 **備品(비품)**들이 보관되어 있습니다.

 회복할 복, 다시 부
彳부 9획 (총12획)
复 中 fù

걸어서(彳) 다시 돌아오니(复) '회복할 복', '다시 부'
+ 彳(조금 걸을 척), 复(돌아올 복, 거듭 복)

- **復習(복습)** : 배운 것을 다시 공부함. (習:익힐 습)
  - 나는 매일 그날 배운 것을 **復習(복습)**합니다.

- **反復(반복)** : 같은 일을 되풀이하는 것. (反:돌이킬 반)
  - **反復(반복)** 학습을 하니 성적이 많이 향상되었습니다.

備備備備備備備備備備			復復復復復復復復復復		
備	備		復	復	
갖출 비	갖출 비		회복할 복	회복할 복	

陰 그늘 음

阝부 8획 (총11획)

阴 中 yīn

언덕(阝) 아래는 지금(今)도 말하자면(云) 그늘이니 '그늘 음'
+ 阝=阜(언덕 부), 今(이제 금, 오늘 금), 云(이를 운)

- 寸陰(촌음) : 아주 짧은 시간. (寸:마디 촌)
  - 고등학교 3학년인 형은 寸陰(촌음)을 아껴 공부합니다.

- 陰地(음지) : 햇볕이 잘 들지 않는 곳. (地:땅 지)
  - 여러 종류의 식물 중에는 陰地(음지)에서 잘 자라는 식물도 있습니다.

約 맺을 약

糸부 3획 (총9획)

约 中 yuē

실(糸)로 작은(勺) 매듭을 맺듯이 약속하니 '맺을 약'
+ 糸(실 사, 실 사 변), 勺(구기 작 – 술 같은 것을 뜰 때 쓰는 기구, 작을 작)

- 要約(요약) : 중요 대목을 추려냄. (要:중요할 요)
  - 오늘의 숙제는 이야기를 읽고 要約(요약)하여 오는 것입니다.

- 言約(언약) : 말로 하는 약속. (言:말씀 언)
  - 두 사람은 내년에 결혼하기로 言約(언약)했습니다.

陰 陰 陰 陰 陰 陰 陰 陰 陰 陰 陰					約 約 約 約 約 約 約 約 約				
陰	陰				約	約			
그늘 음	그늘 음				맺을 약	맺을 약			

수행평가

🦉 다음 한자(漢字)의 훈(訓)과 음(音)을 찾아 그 번호를 쓰시오.

1. 陰 (   )   ① 맺을 약   ② 받을 수   ③ 볕 양   ④ 그늘 음
2. 備 (   )   ① 갖출 비   ② 힘쓸 무   ③ 맺을 약   ④ 회복할 복

🦉 다음의 훈(訓)과 음(音)에 맞는 한자(漢字)를 찾아 그 번호를 쓰시오.

3. 맺을 약   (   )   ① 備   ② 陰   ③ 復   ④ 約
4. 회복할 복 (   )   ① 治   ② 復   ③ 備   ④ 念

🦉 다음의 뜻에 맞는 한자어(漢字語)를 고르시오.

5. 앞으로 있을 일에 미리 준비함   (   )   ① 相對   ② 非常   ③ 對備   ④ 備考
6. 갖추어 놓은 물품   (   )   ① 備品   ② 品目   ③ 品性   ④ 氣品
7. 매우 짧은 시간   (   )   ① 寸陰   ② 時間   ③ 充分   ④ 太陰

🦉 다음 글을 읽고 한자어(漢字語)의 독음(讀音)을 쓰시오.

8. 율동을 反復 (   )하다 보니 동작이 자연스러워졌습니다.

🦉 다음 글을 읽고 물음에 답하시오.

9. 다음 중 '陰'과 음(音)이 같은 한자(漢字)를 고르시오.   (   )
   ① 陽   ② 飮   ③ 太   ④ 約

10. 다음 중 '備'와 음(音)이 같은 한자(漢字)를 고르시오.   (   )
    ① 治   ② 防   ③ 復   ④ 非

 **해 세**
止부 9획 (총13획)

岁　中 sui　동의어 年(해 년)

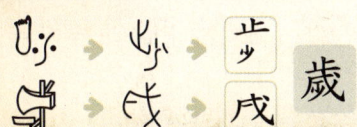 歲

크기를 그치고(止) 개(戌)가 작은(少) 새끼를 낳으면 새끼를 키운 지 벌써 한해가 된 것이니 '해 세'
+ 止(그칠 지), 戌(개 술), 少[작을 소, 젊을 소(少)의 획 줄임]

- 歲月(세월) : 흘러가는 시간. (月:달 월)
  - 형이 초등학교를 졸업한지도 3년의 歲月(세월)이 흘렀습니다.

- 萬歲(만세) : 축복이나 번영을 위하여 외치는 소리. (萬:일만 만)
  - 광복의 기쁨에 온 국민이 萬歲(만세)를 불렀습니다.

 **목숨 명**
口부 5획 (총8획)

命　中 mìng

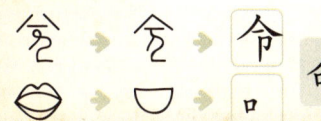 命

입(口)으로 명령하니(令) '명령할 명', 또 명령은 목숨이나 운명도 좌우하니 '목숨 명'
+ 令(하여금 령, 명령할 령)

- 王命(왕명) : 왕의 명령. (王:임금 왕)
  - 王命(왕명)을 어기는 자는 극형에 처해집니다.

- 生命(생명) : 생물이 살아 있게 하는 근본적인 힘. 목숨. (生:살 생)
  - 그는 나를 구해 준 生命(생명)의 은인입니다.

歲歲歲歲歲歲歲歲歲歲歲歲歲		命命命命命命命命	
歲	歲	命	命
해 **세**	해 세	목숨 **명**	목숨 명

 호반 **무**

止부 4획 (총8획)

武 中 wǔ

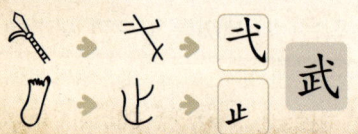 하나(一)의 주살(弋)로 적의 침략을 그치게(止)하니 '호반 무', '군사 무'
+ 弋 (주살 익 – 줄을 매어 쏘는 화살), 止(그칠 지)

- 武士(무사) : 무술을 익혀 그 방면에서 일하던 사람. (士:선비 사)
  – 세 명의 武士(무사)가 모두 겁이 나 서로 눈치만 살폈습니다.
- 文武(문무) : 문관이 지니는 학식과 무관이 지닌 무술. (文:글월 문)
  – 조선시대에는 文武(문무)를 고루 갖춘 인재가 많았습니다.

 다리 **교**

木부 12획 (총16획)

桥 中 qiáo

나무(木)로 높이(喬)걸쳐 만든 것이니 '다리 교'
+ 喬[젊은(夭) 사람이 높이(髙) 오르니 '높을 교'], 夭(젊을 요), 髙[높을 고(高)의 획 줄임]

- 大橋(대교) : 큰 다리. (大:큰 대)
  – 우리나라의 서해 大橋(대교)는 동양에서 제일 긴 다리입니다.
- 陸橋(육교) : 구름다리. (陸:뭍 육)
  – 우리학교 앞에는 陸橋(육교)가 있습니다.

武	武					
호반 무	호반 무					

橋	橋									
다리 교	다리 교									

精 찧을 정

米부 8획 (총14획)

精　中 jīng

쌀(米)을 푸른(靑) 빛이 나도록 정밀하게 찧으니 '정밀할 정', '찧을 정'
+ 米(쌀 미), 靑(푸를 청)

- **精進(정진)** : 정성을 다하여 노력함. (進:나아갈 진)
  - 입시를 앞둔 형은 오로지 학업에만 **精進(정진)**하고 있습니다.

- **精神(정신)** : 마음이나 생각. (神:귀신 신)
  - 건강한 신체에 건전한 **精神(정신)**이 깃듭니다.

進 나아갈 진

辵(辶)부 8획 (총12획)

进　中 jìn　반의어 退(물러날 퇴)

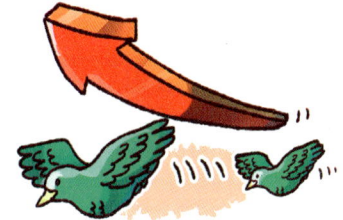

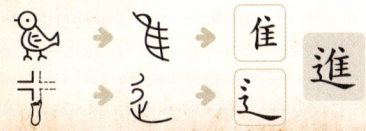

앞으로만 나아가는(辶) 새(隹)처럼 나아가니 '나아갈 진'
+ 隹(새 추), 辶(갈 착, 뛸 착)

- **進路(진로)** : 앞으로 나아갈 길. (路:길 로)
  - 오빠는 졸업후 **進路(진로)**에 대하여 심각하게 고민하고 있습니다.

- **進學(진학)** : 한 교육과정을 마치고 상급 학교에 감. (學:배울 학)
  - 형은 금년에 대학에 **進學(진학)**하였습니다.

精	精						進	進					
찧을 정	찧을 정						나아갈 진	나아갈 진					

수행평가

🐦 다음 한자(漢字)의 훈(訓)과 음(音)을 찾아 그 번호를 쓰시오.

1. 歲 (   )   ① 그늘 음   ② 해 세   ③ 다리 교   ④ 찧을 정
2. 進 (   )   ① 맺을 약   ② 목숨 명   ③ 호반 무   ④ 나아갈 진

🐦 다음의 훈(訓)과 음(音)에 맞는 한자(漢字)를 찾아 그 번호를 쓰시오.

3. 다리 교 (   )   ① 橋   ② 歲   ③ 武   ④ 命
4. 찧을 정 (   )   ① 歲   ② 精   ③ 進   ④ 約

🐦 다음의 뜻에 맞는 한자어(漢字語)를 고르시오.

5. 앞으로 나아갈 길 (   )   ① 進入   ② 進路   ③ 進學   ④ 進退
6. 마음이나 생각 (   )   ① 精進   ② 心身   ③ 精神   ④ 精氣
7. 큰 다리 (   )   ① 大橋   ② 木橋   ③ 大洋   ④ 大敎

🐦 다음 글을 읽고 한자어(漢字語)의 독음(讀音)을 쓰시오.

8. 아기가 萬歲 (   )를 하는 모습이 무척 귀엽습니다.

🐦 다음 글을 읽고 물음에 답하시오.

9. 다음 중 '精'과 음(音)이 같은 한자(漢字)를 고르시오.   (   )
   ① 歲   ② 情   ③ 愛   ④ 命

10. 다음 중 '進'과 어울리는 한자(漢字)를 고르시오.   (   )
    ① 陰   ② 備   ③ 復   ④ 學

인종의 효성 3. 생명의 다리

닦을 수
亻(人)부 8획 (총10획)
修 中 xiū

아득히(攸) 흘러가는 깨끗한 물에 머리(彡)감듯 마음을 닦고 다스리니 '닦을 수', '다스릴 수'
+ 攸(아득할 유), 彡(터럭 삼)

- 修養(수양) : 몸과 마음을 단련해 지덕(知德)을 닦음. (養:기를 양)
  - 이 속담은 교양이 있고 修養(수양)을 쌓은 사람일수록 겸손하다는 뜻입니다.
- 修理(수리) : 고장난 것을 고침. (理:다스릴 리)
  - 고장난 물건은 修理(수리)하여 다시 사용합니다.

넓을 광
广부 12획 (총15획)
广 中 guǎng

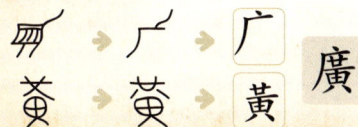
집(广) 아래 누런(黃) 들판이 넓으니 '넓을 광'
+ 广 (집 엄), 黃(누를 황)

- 廣場(광장) : 넓은 마당. (場:마당 장)
  - 시청 앞 廣場(광장)에 많은 사람들이 모였습니다.
- 廣告(광고) : 세상에 널리 알림. (告:고할 고)
  - 삼촌은 廣告(광고)회사에 취직을 하였습니다.

修 修 修 修 修 修 修 修 修					廣 廣 廣 廣 廣 廣 廣 廣 廣 廣 廣 廣 廣 廣				
修	修				廣	廣			
닦을 수	닦을 수				넓을 광	넓을 광			

수행평가

🐦 다음 한자(漢字)의 훈(訓)과 음(音)을 찾아 그 번호를 쓰시오.

1. 修 (   )   ① 맺을 약   ② 그늘 음   ③ 찧을 정   ④ 닦을 수
2. 廣 (   )   ① 호반 무   ② 넓을 광   ③ 목숨 명   ④ 맺을 약

🐦 다음의 훈(訓)과 음(音)에 맞는 한자(漢字)를 찾아 그 번호를 쓰시오.

3. 넓을 광 (   )   ① 陰   ② 歲   ③ 橋   ④ 廣
4. 닦을 수 (   )   ① 修   ② 復   ③ 陰   ④ 精

🐦 다음의 뜻에 맞는 한자어(漢字語)를 고르시오.

5. 심신을 단련하여 지덕을 닦음 (   )   ① 修身   ② 修交   ③ 修養   ④ 受信
6. 세상에 널리 알림 (   )   ① 廣大   ② 廣告   ③ 廣場   ④ 廣野

🐦 다음 글을 읽고 한자어(漢字語)의 독음(讀音)을 쓰시오.

7. 고구려는 廣大(   )한 만주 벌판에 나라를 세웠습니다.

🐦 다음 글을 읽고 물음에 답하시오.

8. 다음 중 '廣'과 찾는 부수(部首)가 같은 한자(漢字)를 고르시오. (   )
   ① 備   ② 度   ③ 修   ④ 進

9. 다음 중 '修'와 음(音)이 같은 한자(漢字)를 고르시오. (   )
   ① 武   ② 命   ③ 受   ④ 約

10. 다음 □ 안에 공통으로 들어갈 수 있는 한자(漢字)를 고르시오.
    □場, □大, □告   (   )
    ① 命   ② 所   ③ 進   ④ 廣

단원평가

🐦 다음 한자(漢字)의 훈(訓)과 음(音)을 쓰시오.

1. ① 約 (　　　　　)　　② 橋 (　　　　　)

🐦 다음 <보기>와 같이 뜻에 맞는 한자어(漢字語)를 쓰고 그 음(音)을 쓰시오.

보기　살아있는 목숨 － 生 命 －(생명)

2. 배운 것을 다시 공부함. － ◯ 習 －(　　　　　)

3. 죽었다가 다시 살아남. － ◯ 活 －(　　　　　)

🐦 다음 글을 읽고 물음에 답하시오.

4. 다음 한자(漢字)의 독음(讀音)이 서로 다른 것을 고르시오. (　　)
　① 陰 － 音　② 進 － 入　③ 歲 － 世　④ 精 － 正

5. 뜻이 서로 상대되는 것끼리 짝지어진 한자어(漢字語)를 고르시오. (　　)
　① 進退　② 廣告　③ 修身　④ 武士

6. 뜻이 서로 비슷한 것끼리 짝지어진 한자어(漢字語)를 고르시오. (　　)
　① 生命　② 言約　③ 萬歲　④ 年歲

7. 다음 중 '廣'과 음이 같은 한자(漢字)를 고르시오. (　　)
　① 充　② 思　③ 光　④ 單

8. 다음 중 '橋'와 음(音)이 같은 한자(漢字)를 고르시오. (　　)
　① 陽　② 備　③ 復　④ 敎

9. 다음 중 '復'와 어울리는 한자(漢字)를 고르시오. (　　)
　① 吉　② 活　③ 浴　④ 請

🐦 다음의 어원(語原)에 해당하는 한자(漢字)를 고르시오.

10. '집 아래 누런 넓은 들판'을 뜻함. (　　)
　① 神　② 個　③ 廣　④ 利

한자어 만들기

짝을 이루어 낱말이 될 수 있는 한자(韓字)를 줄로 연결해 봅시다.
그리고 어울리는 그림을 찾아 이어 봅시다.

 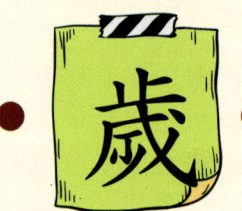 

苦肉之策

쓸 고　　고기 육　　어조사 지　　꾀 책

'제 몸을 상해가면서까지 꾸며내는 방책' 어려운 상태에서 벗어나기 위해 어쩔수 없이 하는 계책

3. 생명의 다리

1 부모님의 가르침

QR을 찍으면 구연동화로 재생 됩니다.

- '부모님의 가르침' 이야기와 관련한 한자를 공부해 봅시다.
- 이율곡과 신사임당의 효행에 대하여 알고 있는 것을 말해 봅시다.

예로부터 **歷史**(역사)의 기록[**記**(기)]을 보면 **英雄**(영웅)이나 훌륭한
역사 : 과거에 일어난 일 또는 그 기록　　　　　영웅 : 재주와 용기가 특별히 뛰어난 사람
위인들은 어머니의 영향을 크게 받습니다. 부모의 가르침은 그 **값[價**(가)]을
말할 수 없을 만큼 귀하고 소중한 것입니다. 자식의 본보기는 부모이고 어버이
의 가르침과 교훈은 자녀를 성공시키는 바탕이 되는 것입니다.

조선시대에 학식과 인품이 뛰어나기로 유명한 이율곡도 이와 같이 훌륭한 어
머니의 가르침을 받으며 자라난 분입니다.

이율곡 어머니의 성은 신씨이고, 호는 사임당으로 조선시대 강원도 강릉에서 태어났습니다. 어려서부터 총명하고 부지런하여 계절마다 텃밭에 여러 가지 **種子**(종자)의 화초를
종자 : 씨앗
심어 집안을 화사하게 가꾸었습니다. 그림도 잘 그리고 **漢詩**(한시)도
한시 : 한문으로 지은 시
뛰어나게 잘 지었습

니다. 더구나 한가지 일을 始作(시작)하면 集中(집중)하여 마무리를 잘 하였습니다. 신사임당에 대한 칭찬은 온 고을[郡(군)]에 자자하였습니다.

집중 : 어떤 일에 정신을 모으는 것
시작 : 어떤 일이나 행위를 처음으로 함

그 당시 풍습으로는 결혼을 하면 남편의 뜻을 따르는 것이 法度(법도)입니다. 그러므로 결혼한 신사임당은 新婦(신부)가 되어 부모님의 곁을 떠나게 되었습니다. 부모 곁을 떠나는 안타까운 마음을 한편의 아름다운 시로 표현하였습니다.

법도 : 법률과 제도
신부 : 곧 결혼할 여자, 또는 갓 결혼한 여자

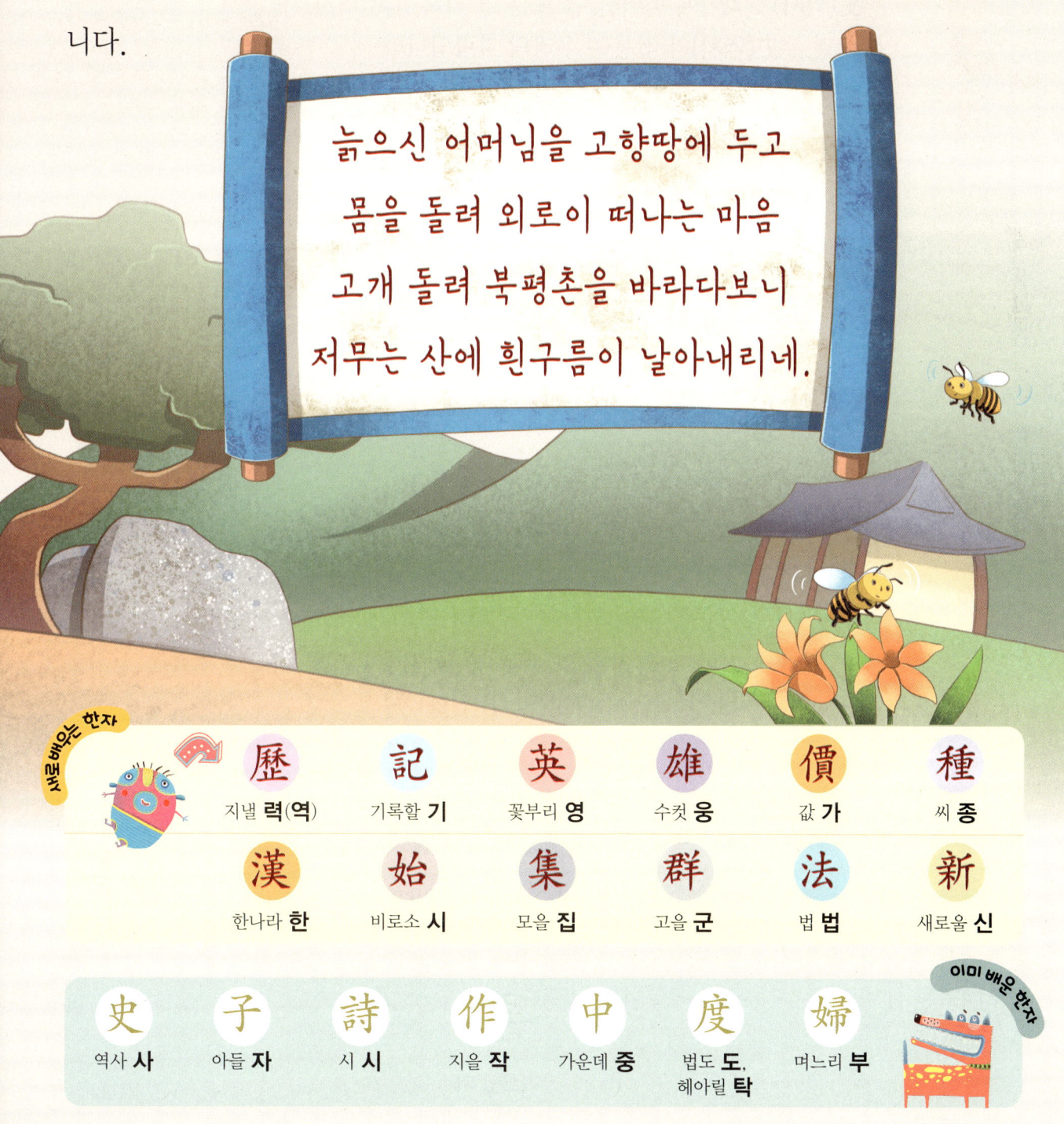

늙으신 어머님을 고향땅에 두고
몸을 돌려 외로이 떠나는 마음
고개 돌려 북평촌을 바라다보니
저무는 산에 흰구름이 날아내리네.

새로 배우는 한자

歷	記	英	雄	價	種
지낼 력(역)	기록할 기	꽃부리 영	수컷 웅	값 가	씨 종

漢	始	集	群	法	新
한나라 한	비로소 시	모을 집	고을 군	법 법	새로울 신

이미 배운 한자

史	子	詩	作	中	度	婦
역사 사	아들 자	시 시	지을 작	가운데 중	법도 도, 헤아릴 탁	며느리 부

1. 부모님의 가르침

 지낼 **력(역)**
止부 12획 (총16획)
历 中 lì

언덕(厂) 밑에 벼(禾禾)를 쌓아놓고 그쳐(止) 겨울을 지내니 '지낼 력'
+ 厂(언덕 엄), 禾(벼 화), 止(그칠 지)

- 歷史(역사) : 과거에 일어난 일 또는 그 기록. (史:역사 사)
  – 오랜 歷史(역사)와 전통은 우리의 자랑입니다.
- 學歷(학력) : 개인이 학교 교육을 받은 사실이나 경험. (學:배울 학)
  – 이력서에 學歷(학력)을 적었습니다.

 기록할 **기**
言부 3획 (총10획)
记 中 jì

말(言) 중에 자기(己)에게 필요한 부분은 기록하거나 기억하니 '기록할 기', '기억할 기'
+ 言(말씀 언), 己(몸 기, 자기 기)

- 日記(일기) : 그날 그날 겪은 일 등을 적은 개인의 기록. (日:날 일)
  – 영이는 하루도 빠짐없이 日記(일기)를 씁니다.
- 史記(사기) : 역사적 사실을 적은 책. (史:역사 사)
  – 삼국 史記(사기)는 가장 오래된 역사책입니다.

歷歷歷歷歷歷歷歷歷歷歷歷					記記記記記記記記記				
歷	歷				記	記			
지낼 력	지낼 력				기록할 기	기록할 기			

1. 부모님의 가르침

꽃부리 영

艸(艹)부 5획 (총9획)

英 ㊥ yīng

풀(艹)의 가운데(央), 즉 가장 화려한 부분이니 '꽃부리 영'
+ 艹= 艸(풀 초), 央(가운데 앙)

- **英才(영재)** : 뛰어난 재주를 가진 사람. (才:재주 재)
  - 동생은 어려서부터 **英才(영재)** 교육을 받고 있습니다.

- **英作(영작)** : 영어로 문장을 만듦. (作:지을 작)
  - 나는 **英作(영작)** 실력을 키우기 위해 매일 영어 일기를 씁니다.

수컷 웅

隹부 4획 (총12획)

雄 ㊥ xióng

열(十) 마리를 사사로이(厶) 거느린 새(隹)는 수컷이며 크다는 데에서 '수컷 웅', '클 웅'
+ 十(열 십, 많을 십), 厶(사사 사, 나 사), 隹(새 추)

- **英雄(영웅)** : 재주와 용기가 특별히 뛰어난 사람. (英:꽃부리 영)
  - 아버지께서 전쟁 **英雄(영웅)**에 대한 이야기를 들려 주셨습니다.

- **雄壯(웅장)** : 감탄할 만큼 규모가 크고 으리으리함. (壯:장할 장)
  - 새로 지은 성전의 **雄壯(웅장)**함에 깜짝 놀랐습니다.

英英英英英英英英英						雄雄雄雄雄雄雄雄雄雄雄雄					
英	英					雄	雄				
꽃부리 영	꽃부리 영					수컷 웅	수컷 웅				

수행평가

다음 한자(漢字)의 훈(訓)과 음(音)을 찾아 그 번호를 쓰시오.

1. 歷 (   )   ① 값 가   ② 꽃부리 영   ③ 지낼 력   ④ 수컷 웅
2. 雄 (   )   ① 수컷 웅   ② 어질 인   ③ 원할 원   ④ 줄 수

다음의 훈(訓)과 음(音)에 맞는 한자(漢字)를 찾아 그 번호를 쓰시오.

3. 꽃부리 영 (   )   ① 獨   ② 英   ③ 圖   ④ 救
4. 기록할 기 (   )   ① 家   ② 加   ③ 記   ④ 英

다음의 뜻에 맞는 한자어(漢字語)를 고르시오.

5. 과거에 일어난 일   (   )   ① 學歷   ② 歷代   ③ 史學   ④ 歷史
6. 재주와 용기가 뛰어난 사람   (   )   ① 英作   ② 英雄   ③ 英語   ④ 英文
7. 역사적 사실을 적은 책 (   )   ① 史記   ② 事記   ③ 士氣   ④ 四氣

다음 글을 읽고 한자어(漢字語)의 독음(讀音)을 쓰시오.

8. 마음속에 雄大(   )한 뜻을 지니는 어린이가 됩시다.

다음 글을 읽고 물음에 답하시오.

9. 다음 중 '記'와 음(音)이 같은 한자(漢字)를 고르시오.   (   )
   ① 念   ② 氣   ③ 神   ④ 治

10. 다음 중 다른 셋과 음(音)이 다른 한자(漢字)를 고르시오.   (   )
    ① 街   ② 加   ③ 價   ④ 代

신사임당의 효성 1. 부모님의 가르침

價

값 가

亻(人)부 13획 (총15획)

价　中 jià

사람(亻)이 장사(賈)할 때 부르는 값이니 '값 가'
+ 亻=人(사람 인), 賈(장사 고)

뜻
- **評價(평가)** : 사람이나 사물의 가치를 판단함. (評:평론할 평)
  – 얼굴만 보고 그 사람을 **評價(평가)**하는 것은 잘못된 일입니다.

활용
- **價格(가격)** : 물건 값. (格:격식 격)
  – 물건 **價格(가격)**이 싸다고 무조건 좋은 건 아닙니다.

種

씨 종

禾부 9획 (총14획)

种　中 zhǒng, zhòng

곡식(禾)에서 중요한(重) 것이니 '씨 종', 또 씨앗은 종류별로 나누어 두니 '종류 종'
+ 禾(벼 화), 重(무거울 중, 귀중할 중, 거듭 중)

뜻
- **種目(종목)** : 종류의 명목. 종류의 항목. (目:조목 목, 눈 목)
  – 올림픽 **種目(종목)**중에서 우리나라는 양궁에 강합니다.

활용
- **種子(종자)** : 씨앗. (子:씨 자, 아들 자)
  – 어머니께서 밭에 뿌릴 여러 종류의 **種子(종자)**를 사오셨습니다.

價價價價價價價價價價價價價價價　　種種種種種種種種種種種種種種

價	價			種	種		
값 가	값 가			씨 종	씨 종		

1. 부모님의 가르침　127

 한나라 **한**

氵(水)부 11획 (총14획)

汉　中 hàn

물(氵)과 진흙(堇)이 많은 곳(중국 양자강유역)에 세운 나라이니 '한나라 한'
+ 氵=水(물 수), 堇(진흙 근)

- 漢文(한문) : 한자로만 쓰인 문장이나 문학. (文:글월 문)
  - 이번 방학에는 漢文(한문) 공부를 열심히 하겠습니다.
- 漢江(한강) : 서울을 가로 지르는 강물. (江:강 강)
  - 지난 주말에 漢江(한강)에서 유람선을 탔습니다.

 비로소 **시**

女부 5획 (총8획)

始　中 shǐ　반의어 末(끝 말)

여자(女)가 기뻐함(台)은 결혼을 처음 시작할 때니 '처음 시', '비로소 시'
+ 女(여자 녀), 台[기쁠 태, 누각 대(臺)의 약자]

- 始動(시동) : 처음으로 움직임. (動:움직일 동)
  - 아버지께서는 자동차의 始動(시동)을 걸고 출발하셨습니다.
- 始作(시작) : 새로이 무엇을 개시함. (作:지을 작)
  - 차가 오르막길을 오르기 始作(시작)하였습니다.

漢漢漢漢漢漢漢漢漢漢漢漢漢漢					始始始始始始始始				
漢	漢				始	始			
한나라 **한**	한나라 한				비로소 **시**	비로소 시			

 신사임당의 효성

1. 부모님의 가르침

모을 집

隹부 4획 (총12획)

集 ⓒ jí

새(隹)가 나무(木) 위에 모이니 '모을 집', 또 여러 내용을 모아놓은 책도 나타내어 '책 집'
+ 隹(새 추), 木(나무 목)

- 集中(집중) : 어떤 일에 정신을 모으는 것. (中:가운데 중)
  – 集中(집중)을 하지 않으면 오래 앉아 있어도 공부가 되지 않습니다.

- 文集(문집) : 글들을 한데 모아서 엮은 책. (文:글월 문)
  – 우리 반 아이들이 쓴 글을 모아 文集(문집)을 만들었습니다.

고을 군

⻏부 7획 (총10획)

郡 ⓒ jùn

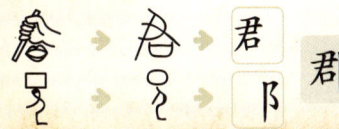

임금(君)이 다스리는 고을(⻏)이니 '고을 군'
+ 君(임금 군), ⻏=邑(고을 읍)

- 郡守(군수) : 군청의 최고 책임자. (守:지킬 수)
  – 郡守(군수)님이 어제 우리 마을을 방문하셨습니다.

- 郡民(군민) : 고을에 사는 사람들. (民:백성 민)
  – 우리 마을은 郡民(군민) 모두가 합심하여 일을 하고 있습니다.

集 集 集 集 集 集 集 集 集 集 集 集						郡 郡 郡 郡 郡 郡 郡 郡 郡 郡					
集	集					郡	郡				
모을 집	모을 집					고을 군	고을 군				

129

수행평가

다음 한자(漢字)의 훈(訓)과 음(音)을 찾아 그 번호를 쓰시오.

1. 始 (   )   ① 값 가   ② 꽃부리 영   ③ 모을 집   ④ 비로소 시
2. 種 (   )   ① 기록할 기   ② 씨 종   ③ 수컷 웅   ④ 모을 집

다음의 훈(訓)과 음(音)에 맞는 한자(漢字)를 찾아 그 번호를 쓰시오.

3. 고을 군 (   )   ① 價   ② 英   ③ 郡   ④ 始
4. 모을 집 (   )   ① 集   ② 種   ③ 雄   ④ 記

다음의 뜻에 맞는 한자어(漢字語)를 고르시오.

5. 글을 한데 모아 엮은 책 (   ) ① 集合 ② 集計 ③ 文集 ④ 集中
6. 처음으로 함 (   ) ① 始作 ② 始動 ③ 始祖 ④ 始末
7. 고을에 사는 사람들 (   ) ① 國民 ② 郡民 ③ 群系 ④ 一群

다음 글을 읽고 한자어(漢字語)의 독음(讀音)을 쓰시오.

8. 이번 방학에는 漢字(   ) 공부를 열심히 하겠습니다.

다음 글을 읽고 물음에 답하시오.

9. 다음 중 '價'와 음(音)이 같은 한자(漢字)를 고르시오.   (   )
   ① 種   ② 歷   ③ 漢   ④ 家

10. 다음 □ 안에 공통으로 들어갈 수 있는 한자(漢字)를 고르시오.
    □中, □合, □計   (   )
    ① 始   ② 作   ③ 集   ④ 種

1. 부모님의 가르침

법 법

氵(水)부 5획 (총8획)

法 中 fǎ 동의어 律(법 률)

물(氵)이 흘러가듯(去) 순리에 맞아야 하는 것이니 '법 법'
+ 氵=水(물 수), 去(갈 거, 제거할 거)

- **方法(방법)**: 무엇을 하기 위한 방식이나 수단. (方:방법 방, 모 방)
  – 어머니께 일식 요리하는 **方法(방법)**을 배웠습니다.

- **法度(법도)**: 법률과 제도. (度:법도 도)
  – 숙녀를 기다리게 하는 것은 신사의 **法度(법도)**에 어긋납니다.

새로울 신

斤부 9획 (총13획)

新 中 xīn

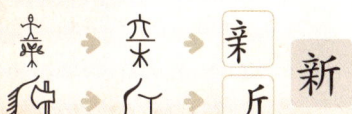

서(立) 있는 나무(木)를 도끼(斤)로 베어 새로 만드니 '새로울 신'
+ 立(설 립), 木(나무 목), 斤(도끼 근)

- **新聞(신문)**: 새로운 소식을 알려 주는 간행물. (聞:들을 문)
  – 우리반은 학교에서 어린이 **新聞(신문)**을 매일 읽습니다.

- **新婦(신부)**: 곧 결혼할 여자. (婦:아내 부)
  – 웨딩드레스를 입은 **新婦(신부)**의 모습은 아름답습니다.

法法法法法法法法					新新新新新新新新新新新新新				
法	法				新	新			
법 **법**	법 법				새로울 **신**	새로울 신			

1. 부모님의 가르침 131

수행평가

- 다음 한자(漢字)의 훈(訓)과 음(音)을 찾아 그 번호를 쓰시오.

  1. 法 (   )   ① 모을 집   ② 법 법   ③ 고을 군   ④ 기록할 기
  2. 新 (   )   ① 새로울 신 ② 지낼 력 ③ 값 가   ④ 씨 종

- 다음의 훈(訓)과 음(音)에 맞는 한자(漢字)를 찾아 그 번호를 쓰시오.

  3. 새로울 신 (   )   ① 郡   ② 記   ③ 新   ④ 漢
  4. 법 법   (   )   ① 歷   ② 集   ③ 郡   ④ 法

- 다음의 뜻에 맞는 한자어(漢字語)를 고르시오.

  5. 무엇을 하기 위한 방식이나 수단 (   )   ① 法度   ② 方法   ③ 法定   ④ 法典
  6. 새로운 소식을 알려주는 인쇄물 (   )   ① 新聞   ② 新米   ③ 新婦   ④ 新人

- 다음 글을 읽고 한자어(漢字語)의 독음(讀音)을 쓰시오.

  7. 어떤 일이든지 集中 (   )해서 열심히 해야 합니다.

- 다음 글을 읽고 물음에 답하시오.

  8. 다음 중 '法'과 찾는 부수(部首)가 같은 한자(漢字)를 고르시오. (   )
     ① 神   ② 集   ③ 治   ④ 始

  9. 다음 중 '新'과 음(音)이 같은 한자(漢字)를 고르시오. (   )
     ① 郡   ② 信   ③ 子   ④ 記

  10. 다음 □ 안에 공통으로 들어갈 수 있는 한자(漢字)를 고르시오.
      □聞, □婦, □作   (   )
      ① 新   ② 始   ③ 種   ④ 記

🐦 다음 한자(漢字)의 훈(訓)과 음(音)을 쓰시오.

1. ① 集 (   )   ② 價 (   )

🐦 다음의 〈보기〉와 같이 뜻에 맞는 한자어(漢字語)를 쓰고 그 음(音)을 쓰시오.

보기 새로운 작품 – 新 作 – (신작)

2. 법률과 제도 – ◯ 度 – (   )

3. 처음으로 움직임. – ◯ 動 – (   )

🐦 다음 글을 읽고 물음에 답하시오.

4. 다음 한자(漢字)의 독음(讀音)이 서로 다른 것을 고르시오. (   )
   ① 記 – 技   ② 始 – 時   ③ 新 – 臣   ④ 價 – 集

5. 뜻이 서로 상대되는 것끼리 짝지어진 한자어(漢字語)를 고르시오. (   )
   ① 始末   ② 法學   ③ 英國   ④ 歷史

6. 뜻이 서로 비슷한 것끼리 짝지어진 한자어(漢字語)를 고르시오. (   )
   ① 國家   ② 集合   ③ 新聞   ④ 集中

7. 다음 중 '記'와 음(音)이 같은 한자(漢字)를 고르시오. (   )
   ① 英   ② 氣   ③ 新   ④ 法

8. 다음 중 '漢'과 음(音)이 같은 한자(漢字)를 고르시오. (   )
   ① 韓   ② 歷   ③ 種   ④ 價

9. 다음 중 '歷'과 어울리는 한자(漢字)를 고르시오. (   )
   ① 英   ② 單   ③ 史   ④ 圖

🐦 다음의 어원(語原)에 해당하는 한자(漢字)를 고르시오.

10. '물이 흘러가듯 순리에 맞아야 하는 것'을 뜻함. (   )
    ① 新   ② 法   ③ 集   ④ 始

끝말 잇기

배운 한자(韓字)를 이용하여 한자어(韓字語)를 만들어 끝말잇기를 하고 만들어진 한자어의 음(音)을 써 봅시다.

歷史 — 記 — 錄
역사

集中 — 心 — 理
집중

漢詩 — 集 — 合
한시

始作 — 品 — 行
시작

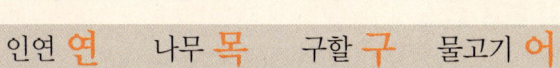

2 부인들의 깨달음

QR을 찍으면 구연동화로 재생 됩니다.

- '부인들의 깨달음' 이야기와 관련한 한자를 공부해 봅시다.
- 잔치집 부인들이 부끄러워한 까닭을 말하여 봅시다.

시집을 온 사임당은 예를 다하여 조용히 시부모님을 섬겼습니다.

사임당이 있는 곳은 마치 **暖流**(난류)가 잔잔히 흐르는 듯 늘 따스하고 포근하였습니다. 여러 사람이 **會合**(회합)하는 장소에서는 자세를 흐트리지 않고 말도 함부로 하지 않았습니다.

난류 : 온도가 높은 해류
회합 : 어떤 목적이 있어 여럿이 모임

하루는 집안에 잔치가 있었습니다. 부인네들은 각양 **各色**(각색)의 비단 옷으로 치장을 하고 모였습니다. 오랜만에 나들이에 나선 여인들은 바람결에 들은 여러 가지 소식에 자신의 의견을 **增減**(증감)하여 이야기하며 웃고 떠들었습니다. 가족들이나 어른들의 실수한 일을 흉보기도 하고, 나라의 **稅金**(세금)을 **着服**(착복)한 사례를 **列擧**(열거)하며 은근히 자신에 대한 자랑을 하느라 바빴습니다.

각색 : 여러 가지 빛깔
증감 : 늘어나거나 줄어드는 것
열거 : 여러 가지를 하나씩 들어 말함
세금 : 조세로 바치는 돈
착복 : 남의 돈이나 물건을 몰래 자기가 차지함

그러나 사임당은 다른 부인들과는 달리 오랜 시간이 지나도 말없이 자기 일만 차근차근하였습니다. 이를 이상히 여긴 시어머니가 물었습니다.

"아가! 너는 어찌 아무 말도 하지 않느냐?"

"어머님, 저는 아는 것도 없고 말할 것도 없습니다. 제가 가족들 흉을 볼 수도 없고, 아는 것도 없는 데 함께 끼어들 수가 있겠습니까?"

하고 대답하였습니다.

그제야 부인들은 지금까지 자신이 한 행동이 스스로에 대한 亡身(망신)이라는 것을 깨달았습니다. 신사임당에게는 말은 없으나 사람을 끄는 引力(인력)이 있어 이후 부인들은 사임당 신씨를 본받아 자신이 알지 못하는 일을 함부로 말하지 않았습니다.

망신 : 말이나 행동을 잘못하여 자신의 체면이나 명예를 손상되게 함
인력 : 끌어 당기는 힘

한 해가 끝날 무렵이면 친정 부모님과 시부모님께 정성껏 글을 지어 **보내고** [送(송)] 매사에 침착하게 **정진**하였습니다.

정진 : 힘써 나아감

따뜻할 난

日부 9획 (총13획)

暖　中 nuǎn

⊙ → 一 → 日
爰 → 爰 → 爱　暖

해(日)빛을 당기면(爰) 따뜻하니 '따뜻할 난'
+ 日(날 일, 해 일), 爰(이에 원, 끌 원)

- 暖流(난류) : 온도가 높은 해류. (流:흐를 류)
  – 한류와 暖流(난류)가 만나는 바다에서 고기가 많이 잡힙니다.

- 暖房(난방) : 방을 따뜻하게 함. (房:방 방)
  – 새로 지은 건물은 暖房(난방) 시설이 잘 되어 있습니다.

흐를 류(유)

氵(水)부 7획 (총10획)

流　中 liú

火 → 氵 → 氵
㐬 → 㐬 → 㐬　流

물(氵) 소리내며(云) 내(川)처럼 흐르니 '흐를 류'
+ 氵=水(물 수), 云(이를 운), 川(내 천)

- 上流(상류) : 흐르는 강이나 냇물의 위쪽. (上:위 상)
  – 이 곳은 한강 上流(상류)에 속합니다.

- 放流(방류) : 막았던 물을 흘려 보냄. (放:놓을 방)
  – 비가 많이 와서 팔당댐의 물을 放流(방류) 하였습니다.

暖暖暖暖暖暖暖暖暖暖暖暖暖					流流流流流流流流流流				
暖	暖				流	流			
따뜻할 난	따뜻할 난				흐를 류	흐를 류			

신사임당의 효성 2. 부인들의 깨달음

모일 회

日부 11획 (총13획)

会　中 huì, kuài

사람(人)이 하나(一)같이 마음의 창(㸃)을 열고 말하기(曰)위해 모이니 '모일 회'
+ 亻=人(사람 인), 一(한 일), 㸃(창문 창), 曰(말할 왈)

뜻 활용

- 大會(대회) : 많은 사람이 모여 벌이는 행사. (大:큰 대)
  - 월드컵 축구 大會(대회)에는 많은 나라에서 선수들이 참가합니다.

- 會合(회합) : 어떤 목적이 있어 여럿이 모임. (合:합할 합)
  - 회사 대표들은 다섯 차례나 會合(회합)을 가졌습니다.

각각 각

口부 3획 (총6획)

各　中 gè

뒤져올 치(夊)와 입 구(口)를 더한 글자로 앞에 한 말과 뒤에 한 말이 다르다 하여 '각각 각'
+ 夊(뒤져올 치), 口(입 구)

뜻 활용

- 各色(각색) : 여러 가지 빛깔. (色:빛 색)
  - 백화점에 가면 각양各色(각색)의 상품들을 두루 구경할 수 있습니다.

- 各種(각종) : 여러 종류. (種:씨 종)
  - 식물원에는 各種(각종) 화초들이 자라고 있습니다.

會會會會會會會會會會會會會					各各各各各各					
會 모일 회	會 모일 회				各 각각 각	各 각각 각				

수행평가

🐤 다음 한자(漢字)의 훈(訓)과 음(音)을 찾아 그 번호를 쓰시오.

1. 會 (   )   ① 모일 회   ② 귀신 신   ③ 생각할 념   ④ 각각 각
2. 暖 (   )   ① 낱 개   ② 법칙 칙   ③ 따뜻할 난   ④ 흐를 유

🐤 다음의 훈(訓)과 음(音)에 맞는 한자(漢字)를 찾아 그 번호를 쓰시오.

3. 각각 각 (   )   ① 流   ② 會   ③ 暖   ④ 各
4. 흐를 류 (   )   ① 則   ② 流   ③ 進   ④ 集

🐤 다음의 뜻에 맞는 한자어(漢字語)를 고르시오.

5. 온도가 높은 해류   (   )   ① 暖流   ② 海流   ③ 大海   ④ 會合
6. 만나거나 모여서 의논함   (   )   ① 會談   ② 會合   ③ 各色   ④ 各種
7. 수량이 늘어 많아짐   (   )   ① 增加   ② 加重   ③ 增減   ④ 家中

🐤 다음 글을 읽고 한자어(漢字語)의 독음(讀音)을 쓰시오.

8. 공원에서 그리기 大會(   )를 하였습니다.

🐤 다음 글을 읽고 물음에 답하시오

9. 다음 중 '暖'과 음(音)이 같은 한자(漢字)를 고르시오.   (   )
   ① 難   ② 會   ③ 各   ④ 流

10. 다음 중 '會'와 음(音)이 같은 한자(漢字)를 고르시오.   (   )
    ① 願   ② 回   ③ 價   ④ 歷

신사임당의 효성 2. 부인들의 깨달음

더할 증

土부 12획 (총15획)

增 中 zēng   반의어 減(덜 감)

흙(土)을 거듭(曾) 더하니 '더할 증'
+ 土(흙 토), 曾(일찍 증, 거듭 증)

- 增加(증가) : 수량이 늘어 많아짐. (加:더할 가)
  - 자동차 대수의 增加(증가)로 대기 오염이 심각해지고 있습니다.

- 增大(증대) : 양적으로 많아지는 것. (大:큰 대)
  - 요즈음은 무역 규모가 점점 增大(증대)되고 있습니다.

덜 감

氵(水)부 9획 (총12획)

減 中 jiǎn

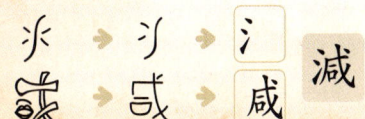

물(氵)기를 다(咸) 빼면(덜면) 줄어드니 '덜 감', '줄어들 감'
+ 氵=水(물 수), 咸(다 함)

- 增減(증감) : 늘어나거나 줄어드는 것. (增:덜 감)
  - 심장의 활동에 의해 체온이 유지되고 增減(증감)됩니다.

- 減速(감속) : 속도를 줄임. (速:빠를 속)
  - 비나 눈이 올 때는 減速(감속) 운전을 해야 합니다.

增 增 增 增 增 增 增 增 增 增	減 減 減 減 減 減 減 減 減 減 減 減
增 增	減 減
더할 증 더할 증	덜 감 덜 감

2. 부인들의 깨달음 141

세금 세

禾부 7획 (총12획)

税　中 shuì

(다른 곡식을 수확했어도) 벼(禾)로 바꾸어(兌) 내는 것이니 '세금 세'
+ 禾(벼 화), 兌(바꿀 태)

뜻 활용

- 稅金(세금) : 조세로 바치는 돈. (金:쇠 금)
  - 소득이 많은 사람은 稅金(세금)을 더 많이 내야 합니다.
- 稅務(세무) : 세금을 매기고 거두어들이는 행정 사무. (務:일 무)
  - 지영이 아버지께서는 稅務(세무)서에 다니십니다.

붙을 착

目부 7획 (총12획)

着　中 zhāo, záo, zhe, zhuó

털에 가린 양(羊)의 눈(目)처럼 붙은(丿) 모습이니 '붙을 착'
+ 羊(양 양), 目(눈 목, 볼 목, 항목 목)

뜻 활용

- 定着(정착) : 일정한 곳에 자리 잡아 삶. (定:정할 정)
  - 유목민들은 한 곳에 定着(정착)하여 농사를 짓기 시작했습니다.
- 着服(착복) : 남의 돈이나 물건을 몰래 자기가 차지함. (服:옷 복)
  - 못된 관리들은 백성들의 돈을 着服(착복)하였습니다.

税税税税税税税税税税税税			着着着着着着着着着着着着		
税	税		着	着	
세금 세	세금 세		붙을 착	붙을 착	

신사임당의 효성 2. 부인들의 깨달음

벌일 렬(열)

刂(刀)부 4획 (총6획)

列 中 liè

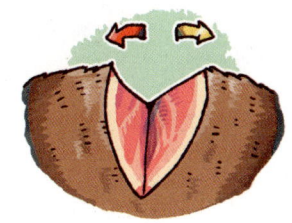

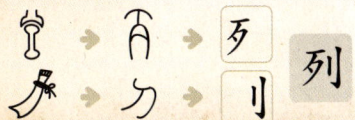

짐승을 죽여(歹) 칼(刂)로 잘라 벌려 놓으니 '벌일 렬'
+ 歹(뼈 부서질 알, 죽을 사 변), 刂=刀(칼 도)

뜻
활용

- 行列(행렬) : 여럿이 줄을 지어 가는 것. (行:다닐 행)
  - 태극기를 든 사람들의 行列(행렬)이 거대한 물결처럼 밀려들고 있습니다.

- 列擧(열거) : 여러 가지를 하나씩 들어 말함. (擧:들 거)
  - 영수는 그 일에 관련된 사람들의 이름을 빠짐없이 列擧(열거)하였습니다.

망할 망

亠부 1획 (총3획)

亡 中 wáng

(망하면) 머리(亠)를 감추어(乚) 달아나니 '망할 망'
+ 亠(머리 부분 두), 乚(감출 혜, 덮을 혜)

뜻
활용

- 亡命(망명) : 정치적인 이유로 남의 나라로 몸을 피함. (命:목숨 명)
  - 이승만 대통령은 미국 亡命(망명)길에 올랐습니다.

- 亡身(망신) : 말이나 행동을 잘못하여 자신의 체면이나 명예를 손상되게 함.
  (身:몸 신)
  - 나는 잘난 체 하려다 오히려 亡身(망신)을 당하였습니다.

列 列 列 列 列 列						亡 亡 亡					
列	列					亡	亡				
벌일 렬	벌일 렬					망할 망	망할 망				

2. 부인들의 깨달음 143

수행평가

다음 한자(漢字)의 훈(訓)과 음(音)을 찾아 그 번호를 쓰시오.

1. 稅 (   )   ① 모일 회   ② 세금 세   ③ 덜 감   ④ 각각 각
2. 增 (   )   ① 붙을 착   ② 벌일 열   ③ 더할 증   ④ 망할 망

다음의 훈(訓)과 음(音)에 맞는 한자(漢字)를 찾아 그 번호를 쓰시오.

3. 벌일 렬 (   )   ① 增   ② 列   ③ 着   ④ 各
4. 망할 망 (   )   ① 列   ② 減   ③ 稅   ④ 亡

다음의 뜻에 맞는 한자어(漢字語)를 고르시오.

5. 수량이 늘어 많아짐 (   )   ① 增大   ② 增減   ③ 增强   ④ 增加
6. 조세로 바치는 돈 (   )   ① 稅出   ② 稅金   ③ 稅入   ④ 稅米
7. 공사를 시작함 (   )   ① 着用   ② 着手   ③ 着服   ④ 着工

다음 글을 읽고 한자어(漢字語)의 독음(讀音)을 쓰시오.

8. 등산을 할 때는 간편한 옷을 着用(   )하는 것이 좋습니다.

다음 글을 읽고 물음에 답하시오.

9. 다음 중 '增'과 어울리는 한자(漢字)를 고르시오.   (   )
   ① 歲   ② 大   ③ 用   ④ 價

10. 다음 □ 안에 공통으로 들어갈 수 있는 한자(漢字)를 고르시오.
    □國, □身, □言   (   )
    ① 色   ② 列   ③ 亡   ④ 各

신사임당의 효성 2. 부인들의 깨달음

끌 인

弓부 1획 (총4획)

引 ⊕ yǐn

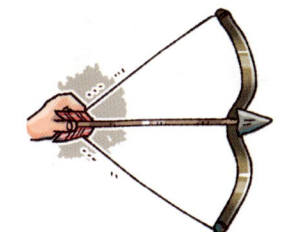

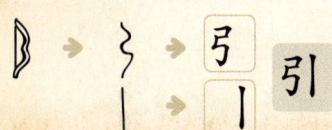

활(弓) 시위에 화살(丨)을 채워 끌어 당기니 '끌 인'
+ 弓(활 궁), 丨('뚫을 곤'이나 여기서는 '화살'로 봄)

- **引上(인상)**: 물건 값을 올림. (上:위 상)
  - 이번 달에는 여러 가지 물가 **引上(인상)** 요인이 있습니다.

- **引力(인력)**: 끌어 당기는 힘. (力:힘 력)
  - 다른 종류의 전기 사이에는 **引力(인력)**이 작용합니다.

보낼 송

辵(辶)부 6획 (총10획)

送 ⊕ sòng

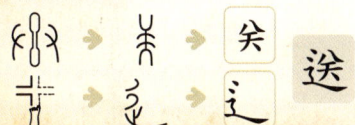

나누어(八) 다른 하늘(天) 아래로 가게(辶)하니 '보낼 송'
+ 八(여덟 팔, 나눌 팔), 天(하늘 천), 辶(뛸 착, 갈 착)

- **送金(송금)**: 돈을 부쳐 보냄. (金:쇠 금)
  - 시골에 계신 할머니께 **送金(송금)**을 하였습니다.

- **送年(송년)**: 한 해의 마지막 무렵을 보내는 것. (年:해 년)
  - 매년 12월이면 **送年(송년)** 잔치로 떠들썩합니다.

引引引引				送送送送送送送送送送								
引	引			送	送							
끌 인	끌 인			보낼 송	보낼 송							

수행평가

- 다음 한자(漢字)의 훈(訓)과 음(音)을 찾아 그 번호를 쓰시오.

  1. 引 (   )   ① 더할 증   ② 끌 인   ③ 덜 감   ④ 붙을 착
  2. 送 (   )   ① 망할 망   ② 모일 회   ③ 벌일 렬   ④ 보낼 송

- 다음의 훈(訓)과 음(音)에 맞는 한자(漢字)를 찾아 그 번호를 쓰시오.

  3. 보낼 송 (   )   ① 仁   ② 單   ③ 送   ④ 列
  4. 끌 인 (   )   ① 亡   ② 引   ③ 記   ④ 英

- 다음의 뜻에 맞는 한자어(漢字語)를 고르시오.

  5. 물건값을 올림 (   )   ① 引受   ② 人事   ③ 引力   ④ 引上
  6. 돈을 부쳐 보냄 (   )   ① 送金   ② 送年   ③ 送別   ④ 運送

- 다음 글을 읽고 한자어(漢字語)의 독음(讀音)을 쓰시오.

  7. 매년 12월이면 送年(   ) 모임을 가집니다.

- 다음 글을 읽고 물음에 답하시오.

  8. 다음 중 '引'과 음(音)이 같은 한자(漢字)를 고르시오.   (   )
     ① 各   ② 仁   ③ 會   ④ 亡

  9. 다음 중 '送'과 어울리는 한자(漢字)를 고르시오.   (   )
     ① 引   ② 英   ③ 年   ④ 列

  10. 다음 □ 안에 공통으로 들어갈 수 있는 한자(漢字)를 고르시오.
      □受, □用, □上   (   )
      ① 充   ② 送   ③ 列   ④ 引

단원평가

🐦 다음 한자(漢字)의 훈(訓)과 음(音)을 쓰시오.

1. ① 稅 (　　　　　　)　　② 增 (　　　　　　)

🐦 다음 사자성어(四字成語)에 들어갈 한자(漢字)를 〈보기〉에서 찾아 쓰시오.

보기　　事　策　成　救

2. 모든 잘잘못은 반드시 바른 길로 돌아옴 ➡ ○ 必 歸 正

3. 어려운 사태를 벗어나기 위해 어쩔 수 없이 쓰는 계책 ➡ 苦 肉 之 ○

🐦 다음 글을 읽고 물음에 답하시오.

4. 다음 한자(漢字)의 독음(讀音)이 서로 다른 것을 고르시오. (　　)
① 各 - 角　　② 稅 - 界　　③ 亡 - 望　　④ 引 - 仁

5. 뜻이 서로 상대되는 것끼리 짝지어진 한자어(漢字語)를 고르시오. (　　)
① 引受　　② 各自　　③ 增減　　④ 送年

6. 뜻이 서로 비슷한 것끼리 짝지어진 한자어(漢字語)를 고르시오. (　　)
① 引力　　② 亡身　　③ 稅金　　④ 會合

7. 다음 중 '亡'과 음(音)이 같은 한자(漢字)를 고르시오. (　　)
① 各　　② 望　　③ 月　　④ 會

8. 다음 중 '減'과 음(音)이 같은 한자(漢字)를 고르시오. (　　)
① 會　　② 感　　③ 個　　④ 價

9. 다음 중 '會'와 어울리는 한자(漢字)를 고르시오. (　　)
① 談　　② 各　　③ 種　　④ 獨

🐦 다음의 어원(語原)에 해당하는 한자(漢字)를 고르시오.

10. '활시위에 화살을 채워 끌어당기는 것'을 뜻함. (　　)
① 各　　② 列　　③ 引　　④ 送

2. 부인들의 깨달음　147

한자어 만들기

아래의 한자(韓字)를 서로 반대되는 한자어(韓字語)로 만들고 그 뜻을 써 보시오.

한자어	뜻

부수한자를
QR로 확인하세요.

214字 부수(部首) 일람표

1획

一	한 일
丨	뚫을 곤
丶	점 주
丿	삐칠 별(삐침)
乙(乚)	새 을
亅	갈고리 궐

2획

二	두 이
亠	머리 두 (돼지머리 해)
人(亻)	사람 인(인변)
儿	어진사람 인
入	들 입
八	여덟 팔
冂	멀 경(멀경몸)
冖	덮을 멱(민갓머리)
冫(氷)	얼음 빙(이수변)
几	안석 궤(책상궤)
凵	입 벌일 감(위터진 입 구)
刀(刂)	칼 도(선칼 도)
力	힘 력
勹	쌀 포
匕	비수 비, 숟가락 비
匚	상자 방(터진 입 구)
匸	감출 혜(터진 에운 담)
十	열 십
卜	점 복
卩(㔾)	병부 절(마디 절)
厂	굴바위 엄, 민엄 호, 언덕 한
厶	사사로울 사(마늘 모)
又	또 우, 오른손 우

3획

口	입 구
囗	에울 위(큰입 구)
土	흙 토
士	선비 사
夂	뒤져 올 치
夊	천천히 걸을 쇠
夕	저녁 석
大	큰 대
女	여자 여
子	아들 자
宀	집 면(갓머리)
寸	마디 촌
小	작을 소
尢(尣)	절름발이 왕
尸	주검 시
屮	싹날 철(풀 초)
山	메, 산 산
巛(川)	내 천(개미허리)
工	장인 공
己	몸 기
巾	수건 건(헝겊 건)
干	방패 간
幺	작을 요(어릴 요)
广	바위집 엄(엄 호)
廴	길게 걸을 인(민책받침)
廾	손 맞을 공(스물 입)
弋	주살 익
弓	활 궁
彐(彑)	돼지머리 계(터진가로 왈)
彡	터럭 삼(삐친 석 삼)
彳	두인 변(조금 걸을 척)

4획

心(忄)	마음 심(심방변)
戈	창 과
戶	지게 호(문 호)
手(扌)	손 수(재방변)
支	지탱할 지
攴(攵)	칠 복(등글월 문)
文	글월 문
斗	말 두
斤	도끼 근(날근변)
方	모 방
无(旡)	없을 무(이미 기)
日	날 일
曰	가로 왈
月	달 월
木	나무 목
欠	하품 흠
止	그칠 지
歹(歺)	뼈앙상할 알(죽을사변)

214字 부수(部首) 일람표

4획

殳	몽둥이칠 수(갖은등글월 문)
毋	말 무, 없을 무
比	견줄 비
毛	터럭 모
氏	성씨 씨(각시 씨)
气	기운 기
水(氵)	물 수(삼수변)
火(灬)	불 화
爪(爫)	손톱 조
父	아버지 부(아비 부)
爻	사귈 효(점괘 효, 본받을 효)
爿	조각널 장(장수장변)
片	조각 편
牙	어금니 아
牛(牜)	소 우
犬(犭)	개 견(개사슴록변)

5획

玄	검을 현
玉(王)	구슬 옥(임금 왕)
瓜	오이 과
瓦	기와 와
甘	달 감
生	날 생
用	쓸 용
田	밭 전
疋	발 소(짝필변)
疒	병들 녁(병질 엄)
癶	걸을 발(필발머리)
白	흰 백
皮	가죽 피
皿	그릇 명
目	눈 목
矛	창 모
矢	화살 시
石	돌 석
示(礻)	보일 시
禸	짐승 발자국 유
禾	벼 화
穴	구멍 혈
立	설 립

6획

竹	대 죽
米	쌀 미
糸	실 사(실 멱)
缶	장군 부
网(罒)	그물 망
羊(⺶)	양 양
羽	깃 우
老(耂)	늙을 로
而	말 이을 이
耒	쟁기 뢰
耳	귀 이
聿	붓 률
肉(月)	고기 육(육달월변)
臣	신하 신
自	스스로 자
至	이를 지
臼	절구 구(확구)
舌	혀 설
舛	어그러질 천
舟	배 주
艮	그칠 간
色	빛 색
艸(艹)	풀 초(초두)
虍	범 호, 범가죽무늬 호
虫	벌레 충
血	피 혈
行	다닐 행
衣(衤)	옷 의
襾(西)	덮을 아

7획

見	볼 견
角	뿔 각
言	말씀 언
谷	골 곡
豆	콩 두
豕	돼지 시
豸	벌레 치, 해태 치
貝	조개 패
赤	붉을 적
走	달아날 주

7획

足(⻊)	발 족
身	몸 신
車	수레 거, 수레 차
辛	매울 신
辰	별 진, 날 신
辵(辶)	쉬엄쉬엄 갈 착(책받침)
邑(⻖)	고을 읍(우부방)
酉	닭 유
釆	분별할 변
里	마을 리

8획

金	쇠 금, 성 김
長(镸)	긴 장
門	문 문
阜(⻖)	언덕 부(좌부방)
隶	미칠 이
隹	새 추
雨	비 우
靑(青)	푸를 청
非	아닐 비

9획

面	낯 면
革	가죽 혁
韋	가죽 위
韭	부추 구
音	소리 음
頁	머리 혈
風	바람 풍
飛	날 비
食(飠)	밥 식
首	머리 수
香	향기 향

10획

馬	말 마
骨	뼈 골
高	높을 고
髟	머리 늘어질 표(터럭발 삼)
鬥	싸울 투
鬯	울집 창
鬲	오지병 격
鬼	귀신 귀

11획

魚	물고기 어
鳥	새 조
鹵	소금밭 로
鹿	사슴 록
麥	보리 맥
麻	삼 마

12획

黃	누를 황
黍	기장 서
黑	검을 흑
黹	바느질 치

13획

黽	맹꽁이 맹
鼎	솥 정
鼓	북 고
鼠	쥐 서

14획

鼻	코 비
齊	가지런할 제

15획

齒	이 치

16획

龍	용 룡
龜	거북 귀(구)

17획

龠	피리 약

214字 부수(部首) 일람표

은혜 갚은 호랑이

1

수행평가

14쪽	1.①	2.②	3.③	4.④	5.①	6.①	7.④	8.목적	9.①	10.①
18쪽	1.①	2.②	3.②	4.②	5.②	6.①	7.③	8.군사	9.④	10.①
20쪽	1.②	2.①	3.④	4.①	5.③	6.①	7.②	8.상대	9.②	10.①

단원평가

21쪽 1.①이룰 성 ②나무 수 2.③,ㄱ 3.①,ㄷ 4.②,ㄴ 5.③
6.② 7.① 8.④ 9.② 10.功,功,動

2

수행평가

28쪽	1.②	2.③	3.①	4.④	5.①	6.②	7.③	8.인정	9.③	10.①
32쪽	1.①	2.②	3.③	4.②	5.④	6.①	7.②	8.고성	9.④	10.①
34쪽	1.④	2.②	3.①	4.③	5.②	6.④	7.①	8.쟁의	9.③	10.②

단원평가

35쪽 1.①인정할 인 ②허물 죄 2.②,ㄷ 3.③,ㄱ 4.①,ㄴ 5.①
6.① 7.② 8.④ 9.② 10.向,向,位

3

수행평가

42쪽	1.①	2.③	3.②	4.③	5.④	6.②	7.①	8.녹색	9.③	10.④
46쪽	1.②	2.①	3.③	4.④	5.①	6.②	7.③	8.위대	9.②	10.④
48쪽	1.③	2.①	3.①	4.②	5.④	6.②	7.④	8.풍부	9.②	10.③

단원평가

49쪽 1.①훌륭할 위 ②풍년 풍 2.②,ㄱ 3.①,ㄷ 4.③,ㄴ 5.②
6.④ 7.② 8.③ 9.② 10.④

호랑이와 두운대사

1

수행평가

56쪽	1.③	2.④	3.①	4.②	5.②	6.①	7.③	8.종교	9.④	10.④
60쪽	1.②	2.①	3.②	4.①	5.③	6.④	7.①	8.공상	9.③	10.③
62쪽	1.①	2.③	3.④	4.②	5.①	6.④	7.②	8.유지	9.④	10.③

단원평가

63쪽 1.①놓을 방 ②찾을 방 2.③,ㄷ 3.①,ㄱ 4.②,ㄴ 5.③
6.② 7.③ 8.① 9.② 10.④

2

수행평가

70쪽	1.②	2.①	3.④	4.①	5.②	6.③	7.①	8.근면	9.④	10.③
74쪽	1.①	2.②	3.②	4.③	5.①	6.②	7.④	8.자택	9.③	10.①
76쪽	1.②	2.③	3.①	4.④	5.①	6.②	7.②	8.성전	9.①	10.④

단원평가

77쪽 1.①화폐 화 ②집 택 2.①,ㄷ 3.③,ㄱ 4.②,ㄴ 5.②
6.③ 7.④ 8.① 9.③ 10.地,地,情

인종의 효성

1

수행평가

84쪽	1.③	2.④	3.③	4.①	5.②	6.④	7.①	8. 반칙	9.③	10.②
88쪽	1.①	2.③	3.②	4.④	5.②	6.①	7.④	8. 신화	9.②	10.③
90쪽	1.①	2.④	3.②	4.③	5.①	6.③	7.②	8. 수업	9.②	10.①

단원평가

| 91쪽 | 1. ① 이로울 리(이) ② 생각 념(염) 2. 治, 정치 3. 神, 신화 4. 神, 신동 |
| | 5.③ | 6.③ | 7.② | 8.④ | 9.③ | 10.③ |

2

수행평가

98쪽	1.②	2.③	3.④	4.①	5.②	6.③	7.①	8. 흉년	9.②	10.①
102쪽	1.④	2.②	3.②	4.①	5.①	6.②	7.④	8. 의도	9.①	10.③
104쪽	1.③	2.①	3.③	4.④	5.②	6.③	7. 속담	8. 풍속	9.①	10.②

단원평가

| 105쪽 | 1. ① 생각할 사 ② 풍속 속 2. 立, 독립 3. 俗, 속담 4. 救, 구출 |
| | 5.② | 6.① | 7.② | 8.④ | 9.② | 10.② |

3

수행평가

112쪽	1.④	2.①	3.④	4.②	5.③	6.①	7.①	8. 반복	9.②	10.④
116쪽	1.②	2.④	3.①	4.④	5.②	6.③	7.①	8. 만세	9.②	10.④
118쪽	1.④	2.②	3.④	4.①	5.③	6.②	7. 광대	8.②	9.③	10.④

단원평가

| 119쪽 | 1. ① 맺을 약 ② 다리 교 2. 復, 복습 3. 復, 부활 4.② |
| | 5.① | 6.④ | 7.③ | 8.④ | 9.② | 10.③ |

신사임당의 효성

1

수행평가

126쪽	1.③	2.①	3.②	4.③	5.④	6.②	7.①	8. 웅대	9.②	10.④
130쪽	1.④	2.②	3.②	4.①	5.③	6.①	7.②	8. 한자	9.④	10.③
132쪽	1.②	2.①	3.③	4.④	5.②	6.①	7. 집중	8.③	9.②	10.①

단원평가

| 133쪽 | 1. ① 모을 집 ② 값 가 2. 法, 법도 3. 始, 시동 4.④ |
| | 5.① | 6.② | 7.② | 8.① | 9.③ | 10.② |

2

수행평가

140쪽	1.①	2.③	3.④	4.②	5.①	6.②	7.①	8. 대회	9.①	10.②
144쪽	1.②	2.③	3.②	4.④	5.①	6.②	7.④	8. 착용	9.②	10.③
146쪽	1.②	2.④	3.②	4.③	5.④	6.①	7. 송년	8.②	9.③	10.④

단원평가

| 147쪽 | 1. ① 세금 세 ② 더할 증 2. 事 3. 策 4.② |
| | 5.③ | 6.④ | 7.② | 8.② | 9.① | 10.③ |

기본한자 색인

6-1 단계

은혜 갚은 호랑이
호랑이와 두운대사

한자	음	훈	쪽수
開	개	열	57
擧	거	들	47
輕	경	가벼울	45
功	공	공	16
空	공	빌	59
軍	군	군사	17
君	군	임금	54
近	근	가까울	30
勤	근	부지런할	68
對	대	대답할	19
綠	록(녹)	푸를	40
律	률(율)	법	41
密	밀	빽빽할	26
放	방	놓을	57
訪	방	찾을	58
防	방	막을	71
變	변	변할	72
兵	병	군사	45
部	부	떼	44
想	상	생각할	59
鮮	선	고울	40
說	설, 세	말씀, 달랠	12
成	성	이룰	15
聲	성	소리	31
聖	성	성인	55
城	성	성	69
樹	수	나무	13
是	시	바를	29
詩	시	시	75
式	식	법	69

한자	음	훈	쪽수
實	실	열매	55
勇	용	날랠	15
雲	운	구름	26
遠	원	멀	71
偉	위	훌륭할	43
油	유	기름	61
應	응	응할	29
以	이	써	33
認	인	인정할	27
作	작	지을	16
爭	쟁	다툴	33
的	적	과녁	13
敵	적	원수	19
傳	전	전할	12
戰	전	싸울	17
電	전	전기	72
典	전	법	75
節	절	마디	44
定	정	정할	27
宗	종	마루	54
罪	죄	허물	31
至	지	이를	30
參	참, 삼	참여할, 셋	58
責	책	꾸짖을	61
致	치	이를	43
宅	택	집	73
豊	풍	풍년	47
香	향	향기	68
貨	화	화폐	73
確	확	굳을	41

6-2단계

인종의 효성
신사임당의 효성

한자	음	훈	쪽수
價	가	값	127
各	각	각각	139
減	감	덜	141
個	개	낱	82
決	결	결단할	96
廣	광	넓을	117
橋	교	다리	114
救	구	구원할	100
郡	군	고을	129
記	기	기록할	124
吉	길	길할	96
暖	난	따뜻할	138
念	념	생각	85
單	단	홑	101
圖	도	그림	99
獨	독	홀로	103
歷	력(역)	지낼	124
列	렬(열)	벌일	143
流	류(유)	흐를	138
利	리(이)	이로울	83
亡	망	망할	143
命	명	목숨	113
武	무	호반	114
法	법	법	131
復	복, 부	회복할, 다시	110
備	비	갖출	110
思	사	생각할	97
勢	세	권세	87
歲	세	해	113
稅	세	세금	142

한자	음	훈	쪽수
俗	속	풍속	103
送	송	보낼	145
授	수	줄	89
受	수	받을	89
修	수	닦을	117
始	시	비로소	128
神	신	귀신	87
新	신	새	131
約	약	맺을	111
逆	역	거스를	101
英	영	꽃부리	125
雄	웅	수컷	125
願	원	원할	85
陰	음	그늘	111
仁	인	어질	82
引	인	끌	145
政	정	정사	86
精	정	쩧을	115
種	종	씨	127
增	증	더할	141
進	진	나아갈	115
集	집	모을	129
着	착	붙을	142
請	청	청할	99
充	충	가득할	100
治	치	다스릴	86
則	칙	법칙	83
漢	한	한나라	128
會	회	모일	139
凶	흉	흉할	97

반의어(反意語) / 상대어(相對語) 뜻이 반대(상대)되는 한자

輕(가벼울 경) ↔ 重(무거울 중)   君(임금 군) ↔ 臣(신하 신)
成(이룰 성) ↔ 敗(패할 패)   是(바를 시) ↔ 非(아닐 비)
遠(멀 원) ↔ 近(가까울 근)   吉(길할 길) ↔ 凶(흉할 흉)
授(줄 수) ↔ 受(받을 수)   始(처음 시) ↔ 末(끝 말)
增(더할 증) ↔ 減(덜 감)   進(나아갈 진) ↔ 退(물러날 퇴)

동의어(同意語) 뜻이 같은 한자

家(집 가) — 宅(집 택)   果(열매 과) — 實(열매 실)
軍(군사 군) — 士(군사 사)   法(법 법) — 律(법 률)
應(응할 응) — 答(대답할 답)   戰(싸울 전) — 爭(다툴 쟁)
確(굳을 확) — 固(굳을 고)   年(해 년) — 歲(해 세)
單(홀 단) — 獨(홀로 독)   政(정사 정) — 治(다스릴 치)
請(청할 청) — 願(원할 원)   集(모을 집) • 合(합할 합) • 會(모일 회)

동음이의어(同音異義語) 음이 같고 뜻이 다른 한자

各(각각 각) ○—○ 角(뿔 각)   決(결단할 결) ○—○ 結(맺을 결)
記(기록할 기) ○—○ 氣(기운 기)   暖(따뜻할 난) ○—○ 難(어려울 난)
利(이로울 리) ○—○ 里(마을 리)   亡(망할 망) ○—○ 望(바랄 망)
俗(풍속 속) ○—○ 速(빠를 속)   始(처음 시) ○—○ 時(때 시)
新(새로울 신) ○—○ 信(믿을 신)   引(끌 인) ○—○ 仁(어질 인)
政(정사 정) ○—○ 精(찧을 정)   授(줄 수) ○ 受(받을 수) ○ 修(닦을 수)
陰(그늘 음) ○ 飮(마실 음) ○ 音(소리 음)

사자성어(四字成語)

開卷有益(개권유익) : 開(열 개) 卷(문서 권) 有(있을 유) 益(더할 익)

책을 펴면 이로움이 있음.

門前成市(문전성시) : 門(문 문) 前(앞 전) 成(이룰 성) 市(저자 시)

찾아오는 사람이 많아 문 앞이 시장처럼 북적거릴 때 쓰는 말

一擧兩得(일거양득) : 一(한 일) 擧(들 거) 兩(두 량) 得(얻을 득)

한 가지 일로써 두 가지 이익을 거둔다는 뜻.

自初至終(자초지종) : 自(스스로 자) 初(처음 초) 至(이를 지) 終(마칠 종)

처음부터 끝까지의 과정

電光石火(전광석화) : 電(전기 전) 光(빛 광) 石(돌 석) 火(불 화)

번갯불이나 부싯돌의 불이 번쩍임. 몹시 빠른 동작이나 시간

草綠同色(초록동색) : 草(풀 초) 綠(푸를 록) 同(같을 동) 色(빛 색)

풀빛과 녹색은 같음. 이름은 달라도 성질이나 내용은 같음.

各有一能(각유일능) : 各(각각 각) 有(있을 유) 一(한 일) 能(능할 능)

사람마다 장점이나 단점을 가지고 있음.

無男獨女(무남독녀) : 無(없을 무) 男(사내 남) 獨(홀로 독) 女(계집 녀)

아들 없는 집의 외동딸

敗家亡身(패가망신) : 敗(패할 패) 家(집 가) 亡(망할 망) 身(몸 신)

집안의 재산을 다 써 없애고 몸을 망침.

6-1단계 기본한자 판별지

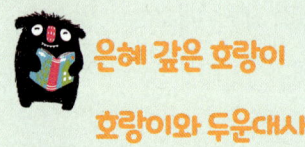
은혜 갚은 호랑이
호랑이와 두운대사

자	훈(뜻)	음(소리)	字	訓	音	자	훈(뜻)	음(소리)	字	訓	音
傳	전할	전	責	꾸짖을	책	變	변할	변	式	법	식
說	말씀, 달랠	설,세	律	법	률(율)	聲	소리	성	雲	구름	운
成	이룰	성	詩	시	시	聖	성인	성	偉	훌륭할	위
功	공	공	香	향기	향	君	임금	군	應	응할	응
戰	싸울	전	油	기름	유	開	열	개	以	써	이
爭	다툴	쟁	豊	풍년	풍	放	놓을	방	的	과녁	적
對	대답할	대	作	지을	작	擧	들	거	典	법	전
敵	원수	적	綠	푸를	록(녹)	輕	가벼울	경	電	전기	전
認	인정할	인	樹	나무	수	勤	부지런할	근	節	마디	절
定	정할	정	確	굳을	확	密	빽빽할	밀	宗	마루	종
遠	멀	원	實	열매	실	訪	찾을	방	至	이를	지
近	가까울	근	勇	날랠	용	想	생각할	상	參	참여할, 셋	참,삼
防	막을	방	兵	군사	병	鮮	고울	선	致	이를	치
空	빌	공	軍	군사	군	城	성	성	宅	집	택
罪	허물	죄	部	떼	부	是	바를	시	貨	화폐	화

學校 　　　　 學年 　　　　 班 　　 姓名

6-2 단계

인종의 효성
신사임당의 효성

자	훈(뜻)	음(소리)	字	訓	音	자	훈(뜻)	음(소리)	字	訓	音
政	정사	정	種	씨	종	記	기록할	기	歲	해	세
治	다스릴	치	集	모을	집	念	생각	념	稅	세금	세
吉	길할	길	會	모일	회	價	값	가	俗	풍속	속
凶	흉할	흉	精	찧을	정	決	결단할	결	送	보낼	송
單	홑	단	進	나아갈	진	廣	넓을	광	修	닦을	수
獨	홀로	독	英	꽃부리	영	橋	다리	교	始	비로소	시
暖	따뜻할	난	雄	수컷	웅	救	구원할	구	神	귀신	신
流	흐를	류(유)	亡	망할	망	郡	고을	군	約	맺을	약
增	더할	증	命	목숨	명	圖	그림	도	逆	거스를	역
減	덜	감	請	청할	청	歷	지낼	력(역)	陰	그늘	음
各	각각	각	願	원할	원	列	벌일	렬(열)	仁	어질	인
個	낱	개	授	줄	수	武	호반	무	引	끌	인
勢	권세	세	受	받을	수	復	회복할, 다시	복, 부	着	붙을	착
利	이로울	리(이)	法	법	법	備	갖출	비	充	가득할	충
新	새로울	신	則	법칙	칙	思	생각할	사	漢	한나라	한

집필진	양혜순* (전 서울상지초등학교)	양복실 (전 서울상신초등학교)

*표시는 집필 책임자임

심의진 경기도교육청 인정도서심의회 위원

	이종미* (샘모루초등학교)	오성철 (서울교육대학교)
	이경호 (고려대학교)	김진희 (함현초등학교)
	이용승 (성사초등학교)	이호석 (임진초등학교)
	이소영 (안산원곡초등학교)	최하나 (정왕고등학교)

*표시는 인정도서심의회 심사위원장임

감수진

	고상렬 (전 교문초등학교)	김득영 (전 능길초등학교)
	임재범 (영광여자고등학교)	신용배 (전 장파초등학교)

편집 디자인 VISUALOGUE

삽화 이문정, 수아, 이수정, 유희준

교육부의 위임을 받아 경기도교육청에서 2021년 인정·승인을 하였음.

초등학교 **생각의 나이테 초등한자 6단계**

초판 발행	2021. 3. 1.
5쇄 발행	2025. 1. 2.
지은이	양혜순 외 1인
발행인	글샘교육(주) 경기도 광명시 일직로 43, A동 2104호(일직동, GIDC)
인쇄인	주)타라티피에스 경기도 파주시 상지석길 245 (상지석동, (주)타라)

이 교과서의 본문 용지는 우수 재활용 제품 인증을 받은 재활용 종이를 사용했습니다.
교과서에 대한 문의사항이나 의견이 있는 분은 교육부와 한국교과서연구재단이 운영하는 교과서민원바로처리센터
(전화: 1566-8572, 웹사이트: http://www.textbook114.com 또는 http://www.교과서114.com)에 문의하여 주시기 바랍니다.

이 도서에 게재된 저작물에 대한 보상금은 문화체육관광부장관이 정하는 기준에 따라
사단법인 한국복제전송저작권협회(02-2608-2800, www.korra.kr)에서 저작재산권자에게 지급합니다.

내용관련문의 : 한자교육평가원 (경기도 광명시 일직로 43, A동 2104호(일직동, GIDC))
개별구입문의 : 홈페이지 주소 www.gsedu.co.kr 02-549-1155 한자교육평가원

생각의 나이테 초등한자 시리즈의 특징은 각각의 이야기로 몇 배의 한자학습 효과를 올릴 수 있도록 하는데 있습니다.

1. 뒷동산 할미꽃, 지혜로운 어린 왕비, 황금 사과 나무 등 재미있고 유익한 이야기를 통해 한자를 쉽게 습득할 수 있도록 엮었습니다.
2. 시각적, 감각적으로 머릿속에 자연스럽게 기억하고, 연상을 통해 잊지 않도록 한자의 유래와 그림을 배열하였습니다.
3. 간체자와 더불어 중국어 발음을 표기하여 한자 학습의 기초가 튼튼하도록 하였습니다.

1단계
- 뒷동산 할미꽃
- 한 번 밖에 명령을 못하는 임금님

2단계
- 지혜로운 어린 왕비
- 칭찬나무와 꾸중나무

3단계
- 방구팔삼월
- 지혜로운 선덕여왕과 지귀

4단계
- 황금 사과 나무
- 효성이 지극한 젊은이

5단계
- 착한 선비와 불량 선비
- 참회의 눈물

6단계
- 은혜갚은 호랑이
- 인종의 효성

초등학교
학년 반 번
이름

가격 **7,680원**